국어 운소의 역사

국어사대계 4-2

국어 운소의 역사

초판 1쇄 발행 2022년 12월 26일

지은이 | 이문규

펴낸곳 | (주)태학사
등록 | 제406-2020-000008호
주소 | 경기도 파주시 광인사길 217
전화 | 031-955-7580
전송 | 031-955-0910
전자우편 | thspub@daum.net
홈페이지 | www.thaehaksa.com

편집 | 조윤형 여미숙
디자인 | 이영아
마케팅 | 김일신
경영지원 | 김영지

ⓒ 이문규, 2022. Printed in Korea.

값 18,000원
ISBN 979-11-6810-116-6 (93710)

책임편집 | 조윤형
표지디자인 | 이영아
본문디자인 | 최형필

국어사대계 4－2

음운사

국어
운소의
역사

이문규 지음

태학사

머리말

국어 운소의 역사를 분절음의 그것에 버금갈 정도로 기술하기는 어렵다. 15~16세기 국어의 성조 체계를 방점 자료를 통해 확인하고 현대 방언의 운율체계와 비교할 수 있는 것만 해도 다행스러운 일이지만, 두 시기 사이의 변화 과정이나 14세기 이전까지의 모습을 밝힐 직접적인 자료가 없다는 점에서, 운소사를 시대별로 균형 있게 기술하는 것은 불가능에 가깝다고 할 수 있다.

이러한 상황을 감안할 때, 국어 운소의 역사는 그 체계 및 변화 과정을 기술할 수 있는 시대와 그렇지 못한 시대로 나누어 접근하되, 후자는 전자의 자료나 현상, 체계 간 대응 관계, 그 밖의 문헌 기록 등으로부터 추출되는 단서를 근거로 하는 추론적 논의로 구성할 수밖에 없다. 따라서 이 책에서는 중세국어 및 동남, 동북, 강원 영동방언의 성조체계, 중부방언의 음장체계와 비변별적 음고형 체계, 서남방언의 전이 체계 등의 공시적인 모습과 그 변화 양상을 검토하고 이들 사이의 대응 관계를 분석하여 고대국어의 운소체계를 재구한 다음, 다시 이 체계로부터 시작하는 체계 변화의 흐름을 추론하는 방식으로 운소사를 기술하고자 했다.

이렇게 구성된 국어 운소사의 큰 흐름은 고대국어 시기 단일 성조체계의 존재, 후기 중세국어 이전 어느 시기에 일어난 성조체계의 남북 분화, 중세국어 시기에 시작되어 근대국어 시기에 완료된 중·서부방언 성조체계의 음장체계로의 전환, 그리고 현대국어에 와서 일어난 음장의 비음운화와 비변별적 음고형 체계의 형성 등을 주요 내용으로 한다. 아울러, 성조체계를 유지하고 있는 방언들의 경우 전반적으로 체계 단순화라는 방향의 변화를 겪고 있음도 확인하였다.

고대국어의 단일 성조체계 및 이후의 변화 과정에 관한 논의를 보완하고 여기에 현대국어가 겪고 있는 운율 차원의 변화 양상을 하나의 흐름으로 엮어 보려 했다는 점 정도에 작은 의미를 부여할 수 있을 듯하나, 이나마도 앞선 연구들의 성과를 바탕으로 한 추론적 구성에 지나지 않는다. 그 밖에 이 글에서 이루어진 세세한 논의들이 모두 앞선 연구의 성과들을 바탕으로 한 것임은 물론이다. 이 정도나마 운소사 기술을 시도할 수 있는 기반을 만들어 준 많은 운율론 연구자들께 깊은 감사의 말씀을 드린다.

성조론을 포함한 국어 운율론은 매우 내실 있는 연구사를 가졌음에도 불구하고 그 성과가 충분히 공유되지 못하였고 따라서 제대로 된 평가를 받지 못하는 분야에 속한다. 여러 원인이 있겠으나, 연구 방법의 차이가 학적 교류 및 성과 공유를 막는 장벽 중 일부가 되고 있음이 분명해 보인다. 특히, 음성학적 연구와 음운론적 연구 사이에는 거의 소통이 이루어지지 않고 있으며, 음운 이론을 적용하는 데 중심을 두는 연구와 국어 운율체계 자체를 분석하는 데 중심을 두는 연구 사이에도 성과 공유가 되지 않고 있다. 그 결과 최근의 연구 성과는 물론이고 연구사적으로 이미 상식화된 내용조차 인용되지 않는 경우도 있다. 이러한 상황은 운율 분야뿐만 아니라 국어학 전체의 발전에 큰 장애가 될 수밖에 없다. 앞으로 이러한 운율론 내부의 소통 부재 현상을 해소할 수 있는 노력이 개인과 학회 차원에서 함께 이루어져야 할 것으로 생각한다.

의미 있는 기획을 하고 어렵게 추진해 주신 국어사대계 간행위원회 여러 선생님, 복잡한 기호가 많아서 편집 과정이 힘들었을 태학사의 담당자 님께 감사의 말씀을 드린다.

2022년 12월
이문규

차례

제1장 국어 운소사 기술의 대상과 범위

국어 운소의 역사를 기술하는 데는 특별한 어려움이 따른다. 시대별 운소체계와 변화 과정을 균일하게 기술할 만큼의 자료가 존재하지 않기 때문이다. 15~16세기 문헌의 방점 표기를 통해 당대 국어의 성조체계를 확인하고 현대국어의 운소체계와 비교할 수 있는 것만 해도 매우 다행스러운 일이라 할 수 있지만, 그 사이의 변화 과정이나 한글 창제 이전 시대 운소의 모습을 밝힐 직접적인 자료가 없다는 점에서, 운소사를 시대별로 균형 있게 기술하는 것은 불가능에 가깝다고 할 수 있다. 지금까지의 운소사 연구가 주로 방점 표기 기간 내에 일어난 성조의 변화, 중세국어 성조와 현대 방언 성조 및 음장의 대응 관계 등에 집중된 반면, 운소체계 전반의 역사를 기술한 연구가 드문 것은 이러한 상황에 따른, 당연한 결과라고 할 수 있다.[1]

이러한 상황을 고려할 때, 국어 운소사를 기술하는 일은 그 내용 범위와 대상에 대한 논의로 시작할 필요가 있다. 여기에는 운소사를 기술하기 위

---

1 국어 성조론에서 성조체계 전반의 거시적 변화와 관련된 사실에 대한 구명을 시도하거나 가설을 제시한 앞선 연구로는 김완진(1973/1977), Ramsey(1974, 1978), 김차균(1999ㄴ: 14장) 등이 있다. 이들에 대해서는 아래 필요한 곳에서 거론할 것이다.

해 검토되어야 할 대상으로서의 운율체계들의 성격, 한글이 창제되기 전 시기를 포함한, 직접적인 자료가 존재하지 않는 시기의 운소와 관련된 사항들에 대한 내용이 포함된다. 이러한 논의는 운소사 기술을 위한 기초작업으로서, 이 글에서 수행할 국어 운소사 기술의 범위와 방법이 지니는 한계를 미리 밝혀 둔다는 의미와 함께, 관련 주제에 대한 연구사 검토의 성격도 지닌다.

1.1. 운소사 기술 대상으로서의 운율체계들

현대국어는 운소를 기준으로 음장방언과 성조방언 그리고 무성조·무음장방언으로 나뉜다.[2] 음장방언은 주로 한반도의 서부 지역에 분포하고 성조방언은 동부 지역에 분포한다. 무성조·무음장체계는 제주방언과 북한 지역의 일부 하위 방언들에 나타나는 것으로 알려져 있다. 그런데 음장방언 중에도 장단 대립의 약화·소멸이 진행 중이거나 혹은 그러한 변화가 이미 완료된 상태로 보이는 방언들이 있다. 아울러, 이처럼 음장의 비음운화를 겪고 있거나 겪은 방언들에는 운율구 첫 분절음의 음성 자질에 따라 결정되는 비변별적인 음고형[3] 체계가 나타나는 것으로 보고되고 있고, 성

---

2 방언연구회 편(2001: 392)의 〈지도 1〉('말(言)'의 운소 분포)에서 현대국어 운소의 분포 양상을 확인할 수 있다. 여기서 성조(tone)는 음고(pitch)에 대한 값을 기본 자질로 하는 운소이고, 음장(length)은 지속 시간에 대한 값을 기본 자질로 하는 운소이다. 한 언어에서 음운론적, 형태론적 조건에 따라 예측할 수 없는 음고나 음장의 차이가 어휘의미나 문법적 기능을 구별하는 구실을 할 때, 그 체계를 각각 성조체계와 음장체계라고 하고 그들을 운소로 가진 언어를 각각 성조언어와 음장언어라고 한다. 이에 따르면, 후기 중세국어와 현대국어의 동남방언, 강원 영동방언, 동북방언은 성조언어이고, 제주방언을 제외한 나머지 대부분 지역의 방언은 음장언어이다(방언연구회 2001 참조).
3 이 음고형은 성조나 음장과는 달리 어휘 차원의 변별력을 가지지 못하기 때문에 '비변

조와 음장, 비변별적 음고형 체계가 섞인 듯한 모습을 보이는 방언도 있다. 성조방언들도 각기 서로 다른 변화의 과정을 거쳐 온 결과를 공시 체계 내에 포함하고 있을 뿐 아니라 현재에도 여러 방향으로의 변화를 겪고 있다.

그런데 이렇게 다양하고 역동적인 상황에도 불구하고, 현대국어의 여러 방언이 가진 운율체계들이, 그들을 하나의 통시적 기반 위에 있는 것으로 볼 만한 관계를 유지하고 있다는 점은 그 자체로 운소사의 중요한 내용이 될 뿐 아니라 운소 변화에 대한 추론을 가능하게 하는 근거가 된다는 점에서 중요한 의미를 지닌다. 무엇보다도, 음장방언과 성조방언 사이에는 상당한 정도의 대응 관계와 운율론적 동질성이 존재한다. 이러한 대응 관계와 동질성은 형태나 단어의 운율형 부류 및 이들을 단위로 하여 일어나는 음운 과정 전반에 나타난다. 특히, 성조방언들 사이에는 방언 차에 비례하는 정도의 차이가 있음에도 불구하고, 더 많은 동질성과 분명한 대응 관계가 나타난다.

성조방언은 성조형의 고저 관계로 볼 때, 동북방언과 한반도 남반부의 두 방언(동남방언과 강원 영동방언)이 크게 나뉘는데, 동북방언은 성조형의 고저 관계가 중세국어에 가깝고 동남방언 및 영동방언과는 역전적(逆轉的)인 모습을 보인다. 동북방언의 많은 하위 지역어들은 2음고-2성조형 체계를 가지고 있다는 점에서 3음고-3성조형 체계를 가진 중세국어나 다른 방언에 비해 단순화된 상태를 보여 준다. 동남방언과 영동방언도 정도의 차이는 있지만, 음고 및 성조형의 합류를 통한 체계 단순화의 과정을 겪고 있다. 모든 성조방언에서 나타나는 체계 단순화의 주된 흐름 중 하나는 어두 음장을 잉여적으로 가진 성조형이 다른 성조형에 합류되는 현상인데, 이

별적 음고형'이라고 부른다. 이 글에서 성조나 음장 외에 이 비변별적 음고형이나 무성조·무음장까지 포함하여 지칭할 필요가 있을 때에 '운율체계'나 '운율형' 등을 사용하고자 한다.

것은 음장방언의 장단 대립 소멸 경향과 평행적으로 나타난다.

이처럼 현대국어의 방언들이 가지는 성조체계와 음장체계는 공동의 운율적 기반 위에서 서로 일정한 대응 관계를 형성하고 있으며, 또한 각기 일정한 방향으로 변해 가고 있는데, 그 변화 방향 역시 전반적인 동질성과 개별 체계의 사정에 따른 차이를 함께 보여 주고 있다. 이러한 상황은 운소의 역사를 기술하는 일이 현대국어에서 관찰되는 여러 운율체계들과 그들 사이의 대응 관계를 검토하는 일로부터 시작되어야 함을 보여준다고 할 수 있다. 이런 점에서 현대국어 방언들의 운율체계와 변화 양상은 그 자체로 국어 운소사의 내용이 되는 동시에 이전 시기 운율체계를 재구하고 그 변화 과정을 기술하기 위한 일차적인 자료로서의 위상을 가진다고 할 수 있다.

서울방언을 포함한, 중·서부 지역의 여러 방언에 나타나는 비변별적 음고형 체계도 국어 운율체계 전반의 변화와 관련하여 주목해야 할 대상이다. 물론, 이 음고형은 어휘 변별에 관여하는 대립 관계를 가지지 않기 때문에 엄격한 의미로는 운소 기술의 대상이 되지 않는다. 그러나 이 운율체계가 성조와 음장이 비음운화된 방언에 나타나는 가운데, 일부 방언의 경우 성조형과 비변별적 음고형의 복합으로 이루어진, 일종의 전이체계를 형성하고 있다는 점에서 운소사의 범위 안에 넣어 거론할 필요가 있어 보인다.

운소사를 기술하는 데 있어서 일차적인 검토 대상이 되어야 할 또 하나의 운율체계로 후기 중세국어의[4] 성조체계가 있다. 중세국어의 성조체계는 방점으로 표기된 문헌 자료가 비교적 풍부하게 남아 있어서 그 전반적인 체계를 밝히고 현대 방언들의 운율체계와 비교할 수 있다는 점에서, 운

---

4 방점으로 성조가 표기된 15~16세기 국어를 가리키는데, 아래에서는 '중세국어'로 줄여 부르고자 한다.

소사를 기술하는 처지에서는 매우 고마운 존재이다. 이 성조체계는 경북 방언과 같은 상승조형을[5] 가지고 있으면서도 고저 관계는 동남방언 및 강원 영동방언과는 반대이고 동북방언과 같다. 그리고 성조형 대립 관계나 성조 차원의 음운 과정이 모든 현대 방언의 성조체계는 물론이고 음장체계와도 분명한 대응 관계를 가지고 있다. 이 성조체계는 16세기 말엽에 오면 상당히 혼란된 모습을 보여주는데, 이러한 변화는 성조의 비음운화가 한 단계 진행된 상태를 나타내는 것이어서 그 자체로 운소사의 중요한 기술 대상이 되는 한편, 방점 표기가 사라진 후의 변화 과정에 대한 추론의 단서가 된다.

그런데 중세국어의 성조체계에 대해서는, 이 운소체계가 현대 방언들의 그것과 통시적으로 어떤 관계에 있는지에 대한 논의가 먼저 이루어질 필요가 있다. 이 문제의 핵심은 중세국어의 성조체계를 현대 음장체계 및 성조체계 모두의 직접적인 조상으로 볼 수 있는가 하는 것이다.

먼저 우리 학계에서, 중세국어의 성조체계와 현대국어의 운율체계들과의 통시적 관계에 대해 수립되어 있는 가장 일반적인 관점은 전자가 현대 중부방언 음장체계의 직접적인 선대 체계라는 것이었다. 이것은 훈민정음을 비롯한 여러 문헌에 대상 방언에 대한 특별한 언급이 없이, 일관되게 나타나는 성조에 대한 설명과 그것에 일치하여 많은 문헌들에 표기된 성조체계를, 다른 언어적 사실들과 함께 당대 중부방언의 것으로 받아들이고,[6] 이 성조체계와 현대 중부방언의 음장체계 사이의 정연한 대응 관계를

---

5 '상승조형'은 첫음절에 상승조를 가진 성조형을 가리킨다.

6 성조와 방점에 대한 설명은 《훈민정음》의 여러 곳 외에, 《동국정운》의 서문, 《사성통해》의 범례, 《사성통해》 소재 〈번역노걸대박통사 범례〉, 《훈몽자회》의 범례, 《소학언해》의 범례 등 많은 문헌에 나타난다. 이들 문헌들의 성조 및 방점 관련 설명에서 그 대상 언어를 가리키는 말로 사용된 용어는 '언어(諺語), 언(諺)'(훈민정음), '어음(語音)'(동국정운 서문), '향어(鄕語)'(사성통해 범례), '국음(國音), 본국어음(本國語音), 국어(國語), 국음(國音), 향(/한)(鄕(/漢)'(번역노걸대박통사 범례) 등인데, 이들은 주로 중국어

둘 사이의 통시적 관계를 입증하는 근거로 인정한 결과라 할 수 있다(이문규 2022: 7-8). 이러한 전통적인 관점에 대해 다른 견해도 간간이 제기되어 왔는데,[7] 특히 최명옥(2019)에서는 가장 적극적이고 구체적으로 다른 견해를 제시하였다. 이 문제의 초점은 중세 문헌어에 반영된 성조체계를 당대 중부방언의 실제 운소체계로 인정할 것인가 하는 데 있는데, 이에 대한 관점의 차이는 중부방언을 포함한 국어 운소사 기술 내용의 전면적인 차이로 이어진다는 점에서 매우 중요하다.

최명옥(2019)에서는 현재의 중부방언이 성조언어가 아니라는 점, 성조체계가 그렇게 빠른 기간 안에 음장체계로 바뀐 것을 설명하기 어렵다는 점 등을 논거로, 중세국어 시기 중부방언은 성조언어가 아니었으며, 당대 문헌의 방점은 다른 방언이나 가공의 성조체계를 반영한 것이라고 보았다. 이에 대해, 이문규(2022)에서는 음장체계와 성조체계 사이의 대응 관계로 보아 중부방언도 성조를 가진 적이 있다고 봐야 한다는 점, 중세국어 성

에 대비되는 언어로서의 '국어'를 지칭하고 있다. 따라서 이 용어들만 가지고 성조가 중부방언의 것인지 아니면 다른 방언, 혹은 가공의 방언의 것인지 판단하기는 어렵다. 다만, 《훈민정음》〈합자해〉의 '·, ㅡ起ㅣ聲於國語無用 兒童之言 邊野之語言 或有之…'에서 '國語'가 '邊野之語'에 대립하는 개념으로 사용된 점과 대비하면, 성조의 배경 방언에 대한 언급이 없음을 이 운율체계가 당대 중앙어의 것이기 때문이었다고 해석할 수 있는 간접 증거 정도로 볼 수는 있다. 위 합자해의 '國語'가 '국어', '우리말', '한국어' 외에, '서울말'(권재선 1987: 115) 혹은 중앙어(이현희 외 2014: 203)로 번역되기도 했고 이 내용이 '서울말'과의 '방언적 차이'(박창원 2005: 146)로 설명되기도 했다는 점을 참고할 필요가 있다. (이상은 이문규(2022: 3)의 각주 4를 그대로 가져온 것이다.) 아울러, 〈번역노걸대박통사 범례(飜譯老乞大朴通事凡例)〉에서 저자가 중국어 성조와 국어 성조의 차이를 인식하고 중국어 성조의 조치(調値, tonal value)를 당대 국어 성조의 소릿값으로 묘사한 것도 중세국어 성조의 실재를 전제하지 않고는 자연스럽게 설명하기 어렵다. 이 자료의 가치, 특히 이 자료의 기술 내용과 이것이 국어와 중국어의 성조사에 대해 가지는 가치에 대해서는 많은 연구들에서 충분히 논의되었거니와 이렇게 생생한 묘사가 가공의 성조체계나 중부방언이 아닌 다른 방언의 성조를 바탕으로 이루어지기는 어렵다고 본다. 중세국어 성조체계에 대한 '전통적인 관점'도 이런 설명에 대한, 동일한 해석 위에서 성립된 것으로 볼 수 있을 것이다.

7 한재영(1990), 김영국(1994, 2001), 최명옥(1997, 1999, 2019) 등이 여기에 속한다.

조의 비음운화가 설명하기 어려울 정도로 짧은 기간 안에 완료된 것은 아니라는 점, 그리고 《계림유사》나 《조선관역어》의 전사자들에 중세국어의 그것과 대응 관계를 가지는 성조체계가 반영되어 있고 13세기 후반 몽골어 차용어가 일정한 성조형으로 표기된 것은 당대 중부방언이 성조언어였음을 전제로 한다는 점을 근거로 중부방언이 적어도 후기 중세국어 시기까지는 성조언어였던 것으로 보았다.

여기서는 이문규(2022)를 통해, 중세국어 성조체계와 현대 중부방언 음장체계의 관계에 대한 전통적인 관점이 유지된 것으로 보고자 한다. 즉, 중세국어 문헌에 표기된 방점은 당대 중부 지역어의 성조를 표기한 것이고, 중부방언은 중세국어에 존재했던 성조가 비음운화되고 음장이 그 기능을 이어받는 통시적 과정, 즉 '성조체계〉음장체계'라는 운소 차원의 변화를 겪은 셈이 된다. 이 변천 과정을 증명해 줄, 근대국어 시기의 표기 자료가 없다는 문제가 있음에도 불구하고, 이 견해는 국어학계에 널리 받아들여져 왔으며, 이 글에서도 같은 관점을 바탕으로 국어 운소사를 기술하고자 한다.

다음으로, 중세국어와 현대 방언의 성조체계들 사이의 통시적 관계에 대한 기존의 논의는 크게 둘로 나뉜다.

첫 번째 관점은 중세국어의 성조체계를 현대 방언 성조체계들의 직접적인 선대 체계로 보고 그들 사이의 차이를 성조 변화의 내용으로 기술하고자 한 연구들이다. 중세국어의 성조체계에서 '어말 평성화'나 어간 성조의 '저〉고, 고〉저' 변화 등을 거친 결과가 현대 경상방언의 성조체계라고 본 연구(정연찬 1971, 1974 등)나, 중세국어의 성조체계로부터 '최후 고조의 저조화'를 겪은 정도, '예기 발음(anticipated pronunciation)'의 추가 여부, 첫음절의 단모음화 여부 및 그 방향의 차이 등에 따라 방언 성조체계들이 분화된 것으로 본 연구(김주원 2000)가 여기에 속한다.[8] 이들은 중세국어의 성조체계를 현대 방언의 여러 성조체계가 분화해 나온 '방사의 원점'으로 전제하고 전자와 후자 사이의 차이를 통시적 변화의 내용으로 설명하였다. 그러나 중세국어와 현대 방언 성조체계들의 차이를 동일 체계 내의 통시적 관계로 직접 치환하는 근거를 제시하지는 않았고, 성조체계의 분화가 중세국어 시기 이전에 일어났을 가능성에 대한 논의를 충분히 하지 않았다는 점에서 이 연구들이 제시한 결론을 그대로 받아들이기는 어려워 보인다.

두 번째 관점은 중세국어와 현대 방언들의 운소 차이를 직접 통시적인 사항으로 치환하는 것을 유보하고 그들 사이의 대응 관계를 바탕으로 이전의 공통 체계로부터 시작되는 거시적인 운소사를 재구하거나, 개별 성조체계 사이의 세부적인 대비를 통해 운소사와 관련된 정보를 찾아내고자 하였다.[9] 운소체계들 사이의 대응 관계를 바탕으로 모든 성조방언과 음장방언이 분화되어 나온 단일 운소체계의 존재를 인정하고 그 모습을 추론하거나 성조방언 내에서는 경상방언 및 강원 영동방언의 성조체계가 어느 시기에 분화되어 나감으로써 '중세국어, 함경방언' 체계와 '경상방언, 강원 영동방언' 체계가 나누어졌다고 본 견해가 앞쪽에 속한다(김차균 1999 ㄴ: 14장, 2010: 9, 이문규 2017/2018: 10장). 그리고 중세국어와 함경방언, 경상방언의 성조체계를 대비하여, 경상방언의 성조체계가 'proto-Korean accent system'으로부터 악센트 추이를 겪었다고 보고, 중세국어와 함경방언의 어간 활용형의 성조 비교를 통해, 중세국어 쪽이 고형에 더 가깝다거나 중세국어의 '무성조 동사 어간(atonic verb stems)'이 원래는 서로 변별되었을 가능성이 있다고 본 연구(Ramsey 1974, 1978)가 뒤쪽의 예이다.

---

8 중세국어와 방언 성조체계의 통시적 관계를 집중적으로 다룬 것은 아니나, 중세국어와 동남방언의 음고 역전 관계를 'accent 징표의 이동'으로 해명할 수 있을 것으로 본 하시모도 만따로오(1973: 203)의 관점도 이 부류에 포함시킬 수 있을 것으로 본다.

9 두 번째 관점의 시작은 허웅(1955: 167)이라고 할 수 있는데, 이 연구에서는 중세국어와 현대 경상방언 성조 사이에 나타나는 음고 대립의 역전(逆轉) 양상이 500년 동안의 변화 결과로 보기는 어렵다는 점에서, 중세국어 시기에 이미 둘 사이의 차이가 존재했을 것으로 보았다.

이 글에서는 기본적으로 두 번째 관점을 따라 논의를 진행하기로 한다. 위에서 말했듯이, 중세국어의 성조체계와 방언의 성조체계들을 직접적인 선후 관계로 볼 근거를 찾기 어렵기 때문이다. 아울러, 뒤에서 살피겠지만, 현대 성조방언에는 중세국어가 겪은 성조 실현 규칙상의 혼란이 나타나지 않고 있다는 점도 전자를 후자의 직접적인 후대 체계로 보기가 어렵게 한다. 이들 사이의 대응 관계가 가지는 통시적 의미는 각 체계의 특징과 변화 양상에 대한 비교를 통해 논의되어야 할 문제로, 다음 장에서 이루어질 개별 운율체계 및 그 변화에 대한 논의를 거쳐 이들 사이의 대응 관계 전반을 검토하는 부분에서 거론하고자 한다.

1.2. 한글 창제 이전의 운소체계와 자료

한글 창제 이전 시대 국어의 운율체계에 대한 기술은 몇 가지 간접 자료를 바탕으로 하는 추론에 의지할 수밖에 없다. 고려시대 및 그 이전 시기의 국어가 성조언어였는지의 여부, 성조언어였다면 어떤 모습이었는지, 성조언어가 아니었다면 언제 어떤 과정을 거쳐 성조언어가 되었는지 등을 판단할 수 있는 직접적인 자료가 없기 때문이다. 따라서 이 문제들의 해명에 관심을 가진 앞선 연구들도 성조언어의 일반적 속성을 대입하고 알타이어 제어와 비교해 보거나, 성조형 분포의 편중 현상 등에 착안하여 그 해답을 모색하기도 했고, 차자표기에 성조가 반영되었을 가능성을 염두에 두고 표음자(表音字)의 성조를 분석하여 고대국어의 성조에 관한 단서를 찾으려고 시도하기도 했으며, 《계림유사》와 《조선관역어》와 같은 중국쪽 전사 자료에 대한 분석을 통해 국어 성조체계에 대한 정보를 찾으려고 노력했다.

성조 발생론 및 내적 재구, 고대국어의 성조체계와 차자표기 자료

먼저, 성조의 발생이나 고대국어보다 앞선 시기의 성조 문제와 관련해서는, 중세국어 이전 혹은 어두자음군이 형성되던 시기에는 강세 악센트였던 것이 중세국어에 가까이 오면서 고저 악센트로 변질한 것(김방한 1977: 17-22, 1978: 16-19)[10]이라는 관점이 제기되기도 했고, 국어의 성조가 어중음의 탈락이나 축약과 같은 분절음 차원의 변화에 의해 자생적으로 발생했을 것(Lee, Sang Oak 1978, 1979)으로 추정하거나, 알타이 제어와의 비교를 통해, 고대국어 이전 시기에 존재했을 수도 있는 유성 자음이 저조(L)로 바뀌었을 가능성이 제기되기도 했다(이상억 1987). 아울러, 중세국어의 2음절 용언 어간의 성조형에 'LH'형이 압도적으로 많다는 사실을 토대로, 원시 국어(Proto-Korean) 단계에서는 오직 'LH'만 존재했기 때문에 성조는 비변별적이었을 것이라는 주장(Ramsey 1991: 219)도 제기되었고, 중세국어의 'R~L'형 어간은[11] 'LH' 2음절의 둘째 음절의 모음이 탈락하고 한 음절로 축약되면서 형성된 것이라고 해석하고 국어의 성조는 적어도 이들 'R~L'형 어간이 형성되기 전, 즉 어간의 제2 음절 모음이 탈락하기 이전에 존재했을 것이라는 해석(정연찬 1963)도 있었다. 중세국어의 2음절 명사 및 용언 어간에 나타나는 성조형의 편중 현상을 근거로 고대국어와 중세국어 사이에 분절음의 탈락과 음소체계의 변화로 야기된 '운율 유형의 다양화'라는 변화가 있었음을 추론한 연구(김성규 1997: 492-494)도 같은 범주에 속하는 연구 성과이다. 이와 같은 연구들은 모두 국어 성조사의 '선사시대'를[12] 확충하려는 값

---

10 김방한(1977)에서는 어두 자음군 형성의 과정과 '강세 〉 성조'의 변화를 연계하여 설명했다.

11 어미에 따라 상승조형과 저조형의 두 성조형을 가지는 어간 부류를 가리킨다.

12 김성규(1988: 10)에서 훈민정음이 창제되기 이전 시기에 부여한 이름이다. 이 논문의 Ⅱ장에서는 훈민정음 창제 이전 시기 성조에 대한 연구 방법으로, 분절음과 성조 관계 검토를 통한 '내적 재구', 공통 조어나 방언들과의 비교를 통한 '비교 재구', 차용어나 중국 자료를 이용한 재구 방법 등을 제시하였다(김성규 2004: 147).

진 시도로 평가될 수 있을 것이나, 현재까지는 이들의 논의를 보완하고 발전시킨 후속 논의가 나타나지 않고 있다. 이 글의 자료와 방법론으로도 이들 앞선 연구 성과를 입증하거나 보완할 새로운 결론을 내놓지는 못한다. 따라서 성조의 발생 문제를 포함한, 고대국어보다 앞선 시기의 운소에 대한 내용은 이 글의 국어 운소사 기술 대상에서 제외하고자 한다.

다음은 고대국어 시기의 성조체계에 관한 문제이다. 고대국어에 성조체계가 존재했을 것이라는 관점은 일찍부터 제기되었다. 이러한 판단에는 현대 경상방언이 성조언어라는 점 외에, 우리나라 한자음의 성조체계가 고유어의 그것과 같다는 점,《계림유사》의 고려어 전사에 이용된 한자에, 중세국어의 성조체계와 일정한 대응 관계를 가지는 당대의 성조체계가 반영되어 있다는 점 등이 근거가 되었다. 먼저, 국어 한자음이 고유어와 같은 성조체계를 가진다는 사실은 한자음 형성기의 국어에 성조가 있었다는 것을 의미하며, 오늘날 경상방언이 성조를 가지고 있다는 것도 신라어를 포함한 고대국어가 성조언어였다는 판단을 가능하게 한다는 견해(이기문 1972/1977: 151)가 일찍 제시되었고, 국어 음운사 관련 논저들에 이 견해가 수용되었다. 한자음을 근거로 한, 이전 시기의 성조에 대한 논의는 중국어와 국어의 한자음 성조 사이에 일정한 대응 관계가 성립한다는 사실(김영만, 1967ㄱ, ㄴ)을 근거로 국어 한자음 형성기에 이미 중세국어와 같은 세 성조형이 있었을 것(김영만 1986: 154, 156)이라거나, 이 시기의 중국어 평성이 저조였다는 점에서 평성자들을 저조로 수용한 중세국어는 한자음 형성기의 성조체계를 유지하고 있는 것으로 볼 수 있는 반면, 이와 역전적인 관계에 있는 경상방언은 이후 어느 시기에 '성조상의 일대 추이'를 겪었을 것(김완진 1973/1977: 19)이라는 거시 성조사적 논의로 이어졌다.

한편, 한글 창제 이전 시대의 성조체계 및 그 변화에 대한 구명을 시도하거나 가설을 제시한 또 다른 연구들은 주로 중세국어 및 현대 방언의 성조체계들 사이의 대응 관계를 주된 근거로 삼았다. 위의 중세국어와 현대 방언들의 통시적 관계에 대한 논의에서 거론했던 Ramsey(1978: 78-81)의 논의가 이 부류에 속한다. 그리고 김차균(1999ㄴ: 14장)에서도 중세국어 또는 더 이른 시기에 중세국어의 그것과 큰 차이가 없는 '공통 국어' 성조체계가 있었다는 가설 위에, 중세국어 내에서의 변화, 현대 방언 성조에 나타나는 변화 양상을 자세히 검토하였는데, 국어 운소 변화의 큰 방향을 '성조 언어 〉 비성조 언어'로 보았다.

한자음 성조를 바탕으로 하거나 중세국어 및 방언 성조체계들 사이의 대응 관계를 근거로 한, 이들 고대국어의 운소체계와 관련 논의들, 그리고 이들이 제시한 근거 자료들은 국어 운소사의 내용 범위 안으로 들어 올 수 있을 것으로 판단된다. 이들이 제시한 추론적 결론이 수긍 가능한 것일 뿐 아니라[13] 아래에서 검토할 사항들로부터 도출되는 사실들과 부합하거나 보완될 여지를 가지고 있기 때문이다. 여기에는 앞선 연구들의 주된 논거가 되었던 한자음 관련 사실들과 현대 방언 및 중세국어의 운율체계들에 대한 검토를 통해 추출되는 사항도 포함된다. 다만, 이러한 추론적 논의로

---

13 고대국어의 운소체계에 대해 다른 관점이 없는 것은 아니다. 권인한(2016: 24-27)에서는 한자음 형성기 이전의 고대국어는 성조언어가 아니었으며 한자음을 수용하면서 중국어의 성조체계를 그대로 받아들임으로써 성조가 발생했을 것이라는 견해를 제시하였다. 이 연구에서는 「삼국지」 동이전(권인한 2011: 234)이나 「광개토왕비문(廣開土王碑文)」(권인한 2015: 223)의 고유명사 표기자에 (당대 국어가 성조언어였다면 나타나기 어려운) 심각한 평성자 선호 현상이 나타난다는 점, 8세기와 11세기의 각필 성점(聲點) 자료에 중고음 사성이 '각 성조 본유의 성점'으로 기입되는 양상을 보인다는 사실로 미루어, "본래 비성조 언어였을 한국어가 오랜 기간 동안 중국어와의 언어접촉을 통하여 한자음의 사성체계를 都給으로 수용함으로써 마침내 한국어 운소체계에 있어서의 대변화를 이끌었을 것"이라는 '가설'을 제시하였다. 알타이제어와 마찬가지로, 국어도 본래는 비성조 언어였다가 성조체계를 가진 한자음을 받아들이면서 성조언어로 바뀌었을 것으로 본 셈이다. 이 주장은 고대국어 시기의 성점 자료에 대한 치밀한 검토와 한·중 양국의 한자음 성조 대응 관계에 대한 깊은 이해를 바탕으로 하고 있으나, 고대국어의 성조에 대한 부분은 기존의 관점을 바꿀 만큼 충분한 논의가 이루어진 것으로 보기가 어렵다. 따라서 여기서는 앞으로 새로운 자료와 후속 논의가 이어지기를 기대하면서, 기존의 관점에 따라 논의를 전개하기로 한다.

제시할 수 있는 결론은 운소사의 큰 흐름에 대한 몇 가지 사항으로 제한되며, 그 내용의 대부분은 위의 앞선 성과들이 제시한 결론을 넘어서기 어렵다는 점을 밝혀 둔다. 이러한 판단은 한자음 관련 사실을 바탕으로 한, 이러한 추론적 논의가 신라어를 비롯한 삼국의 언어가 가진 운소체계의 세밀한 모습을 밝히는 데까지는 이를 수 없다는 점 외에, 이 시기 국어의 운소체계에 대한 논의를 확장하는 데 이용될 다른 자료가 존재하지 않는다는 사실에서 나온 것이다. 앞선 연구 중에는, 향찰(권재선 1974ㄴ)이나 고구려 차자표기에 쓰인 표음자(이승재 2016)를 분석하여 당대 국어의 성조에 대한 논의를 시도한 연구가 있었으나 그 세부적인 내용 모두를 당대 국어의 성조에 대한 사실로 받아들이기에는 주저되는 면이 있다.

　권재선(1974ㄴ)에서는 향가의 차자 표기에도 성조가 고려되었을 것이라는 전제 위에, 문법 형태소와 실질 형태소를 표기하는 데 이용된 한자의 성조를 분석하여, 성조의 존재 여부에 대한 긍정적인 근거가 될 만한 '경향성'[14]을 찾아내었다. 그리고 이승재(2016)에서는 고구려어를 적은 한자 중에서 성조를 제외하고 나머지 음가가 동일한 표음자 쌍을 '성조론적 대립쌍'으로 보고, 이들에 대한 검토를 통해 고구려어는 '평측' 체계를 가진 성조 언어였다는 결론과 함께 '어두 측성의 평성화'와 '어말 평성의 측성화' 등과 같은 통시적 변화 규칙의 존재 가능성을 제기하였다. 권재선(1974ㄴ)에 대해서는 분절음 외에 운율적 요소까지 고려한 차자표기 체계의 가능성에 대한 회의와 함께 예외적 용례들이 다수 존재한다는 사실을 근거로 한 부정적 평가가 김영만(1986)에 의해 제기된 바 있거니와, 이승재(2016)의 고구려어 차자표기 체계에 대해서도, 중세 한글 문헌의 방점은 물론이고 《계림유사》의 고려어 단어 전사에 반영된 정도의 운소 표기 의식과 능력

---

14 이 연구에서 주목한 경향성은 실질 형태소의 표기에는 평성자, 상성자, 거성자가 '2:1:1'의 비율로 사용된 반면, 문법 형태소의 표기에는 거성자가 거의 이용되지 않았다는 점이다.

을 기대하는 것이 타당한가 하는 의문이 제기될 수 있다. 설사 고대국어의 차자표기 체계가 성조를 고려했을 가능성이 있다고 하더라도, 이 자료들을 기반으로 당대 국어의 성조체계에 대한 정보를 얻기 위해서는 다양한 변수를 고려하여, 국어 전사에 이용된 개별 한자의 성조가 실제 성조 대립 관계에 따른 '선택'의 결과임이 증명될 수 있어야 한다.[15] 아울러, 전사체계에 반영된 성조 정보를 해석할 때에는 각 성조체계 내부의 대립 관계와 두 체계 간 대응 관계가 함께 고려되어야 한다. 이런 점에 유의해서 보면, 위의 두 연구가 제시한 고대국어 성조체계의 특징이나 경향성은 중고 한음 성조의 조류(調類, tonal class)를 기준으로 분석된 것이라는 점에서 그 결과를 완전한 것으로 받아들이기 어려운 면이 있다.

예를 들어, 두 연구는,[16] 차자표기에는 중세국어의 '말(斗)'-류(고조, 거성)에 해당하는 성조를 가진 한자가 쓰이지 않거나 측성 간의 대립쌍이 확인되지 않는다는 공통된 결론을 제시하고 있다. 이러한 결론은 두 연구 모두 중고 한음의 조류(調類)를 기준으로 표음자의 성조를 확인하거나 '성조론적 최소 대립쌍'을 분석하는 방식으로 도출해 낸 것인데, 이것을 중세국어 한자음을 기준으로 변환해 보면, '말(斗)'-류의 비중은 훨씬 더 작아진다. 두 연구에서 고대국어의 '거성'을 적은 글자로 분류된 글자의 대부분이 중세국어에서는 상성(상승조), 즉 '말(語)'-류에 속하기 때문이다. 따라서 이들을 제외하고 나면 결국 고대국어 성조체계는 '말(馬) : 말(語)'의 대립이 주류를 이루는 반면, '말(斗) : 말(語)'은 물론이고 '말(馬) : 말(斗)'의 대립도 극소수에 불과하다는 결과가 나온다. 이 결과를 그대로 받아들인다면, 고대국어는 '말(馬)'-류(평성)와 '말(語)'-류(상성)의 대립만 있는 성조체계를 가졌다고 할 수밖에 없다. 그러나 이러한 결론은 차자표기의 특성상, 그리고 두 연구의

---

15 《계림유사》의 전사자들에 적용된 권인한(1991)의 방법론은 그러한 점을 고려한 연구의 보기라고 할 수 있다.
16 권재선(1974ㄴ)의 경우는 문법 형태소에 국한된 양상이다.

분석 방법상, '말(斗)-류 성조가 차자 표기에 반영되기가 상대적으로 어려운 상황이었다는 점이 고려되지 않은 상태에서 나온 것이라는 점에 유의할 필요가 있다. 중세국어의 한자 중에서 '말(斗)-류에 속하는 글자의 많은 비율은 대부분 중고음에서는 입성이었고 일부가 상성 및 거성에서 온 것들이다. 만약, 고대국어의 한자음 성조체계가 중세국어의 '말(馬)-류(중고음 평성), '말(語)-류(중고음 상성과 거성의 80% 정도), '말(斗)-류(중고음 입성 대부분과 상거성의 20% 정도)로 이루어져 있었다면,[17] 차자 표기에서 당대 한국어의 '말(馬)-류(저조)에 속하는 음절은[18] 중고음 평성자로, '말(語)-류(상승조)는 상성자나 거성자로 표기할 수 있었겠으나, '말(斗)-류(고조)는 다소 복잡하고 어려운 상황에 놓여 있었다. 즉, '말(斗)-류 중에서 'ㄱ, ㄷ, ㄹ' 종성을 가진 음절은 모두 '말(斗)-류 성조를 가진, 중고음 기준 입성자를 쓰고, 다른 음절 구조를 가진 '말(斗)-류는 소수의 상·거성 출신 '말(斗)-류 한자를 써야 하는 상황이었던 것이다. 여기서 'ㄱ, ㄷ, ㄹ' 종성을 가진 음절형은 구조적으로 이승재(2016)식 '성조 대립쌍'으로 나타나기가 어렵고, 나머지 음절형은 양적으로 소수에 속하기 때문에 전사자로 선택되기가 쉽지 않은 상황이었을 수 있다. 여기에다 이표기 간 성조 일치율이 61.8%이고 중세국어 성조와의 일치율도 50% 정도에[19] 불과하다는 점을 감안하면,[20] '말(斗)-류 한자

---

17 이러한 가정은, 위의 두 연구와 같이 고대국어와 중세국어 사이에 성조체계 자체의 변화는 없었음을 전제로 한 것이다. 두 연구는 문법 형태소의 성조나 어말 성조의 변화와 같은 것은 가정하고 있으나 성조 대립 체계의 변화는 염두에 두지 않았다.

18 위의 두 연구는 음절 단위로 분석한 뒤, 중세국어의 해당 형태나 단어를 대비하는 방식을 취하고 있다.

19 중세국어 한자음 성조에 따라 거성으로 분류된 한자를 상성으로 바꾸어 계산하면, 이 비율은 더 낮아진다.

20 이승재(2016)에서는 중세국어 성조가 신라어를 계승했기 때문이라는 해석을 내놓았으나, 둘 간의 계승관계는 증명되지 않았을 뿐 아니라 두 체계 간의 무질서한 불일치 자료는 국어 성조체계 간 대응 관계로 보면 이례적인 현상에 속한다. 대응 관계에 있는 성조체계 간의 차이도 정연한 규칙성을 가지기 때문이다.

의 노출 비중이 미약함을 근거로 도출된, 고대국어 성조체계에 대한 위 두 연구의 결론은 어느 정도의 한계를 인정하고 받아들이는 것이 합리적이다.

이상과 같은 상황을 감안할 때, 차자 표기 분석을 통해 도출된 고대국어 성조에 대한 연구 결과에 대해서는 이 표기체계에 성조가 반영되었음을 입증할 수 있는 자료나 분석이론이 나올 때까지 수용을 유보하거나, 완전성을 담보하기 어려운 방법론으로나마 도출해 낸 고대국어 성조상의 '경향적 특징'을 제한적으로 받아들일 수도 있을 것으로 본다. 후자의 입장에서면, 고대국어에서 중세국어의 '말(馬)'-류 성조형(저조형)에 대당하는 성조와 '말(語)'-류 성조형(상승조형)에 대당하는 성조의 대립이 확인된다는 점, 여기에다가 '말(斗)'-류 성조형(고조형) 대당 성조의 사정까지 고려하면 고대국어 시기에 중세국어와 크게 다르지 않은 성조체계가 존재했을 가능성을 확인했다는 정도의 의미를 부여할 수 있을 것으로 본다. 이러한 내용은 고대국어 성조체계에 대한 앞선 연구들의 견해나 이후의 운소사 기술과 크게 다르지 않다.

《계림유사》와 《조선관역어》의 전사 자료

전기 중세국어, 즉 고려시대 국어의 성조를 밝힐 수 있는 자료로 논의되어 온 것에 《계림유사》가 있다. 이 자료가 성조 연구의 대상이 된 것은 성조 언어 화자인 저자가 고려어의 어휘를 전사할 한자를 선택할 때 당대 고려어의 성조를 고려했을 가능성(이기문 1972/1977: 151)[21]이 있기 때문이었다.

---

21 '牛曰燒(去聲), 乘馬曰轄打(平聲), 油曰畿(入聲)林'와 같은, 성조에 대한 특별한 배려가 그러한 기대를 높이기도 하는데, 셋 중에서, '牛曰燒(去聲)'는 중세국어의 '쇼'('말(斗)'-류)의 고조(H)를 밝힌 것으로 보는 데 대체적인 동의가 되어 있다. 《계림유사》에 고려어의 성조가 반영되어 있을 가능성에 대해서는 여러 앞선 연구자들이 언급한 바 있다. 예를 들어, 김완진(1991: 380)에서는 《계림유사》를 통해 국어 성조의 역사를 신라시대까지 소급할 수 있을 것이라고 했고, 김성규(2004: 147)에서는 周法高(1948)를 인용하여 중국에서는 외국어의 운소까지 전사하는 전통이 있었으므로 《계림유사》를 통해 고려

《계림유사》에 대한 성조론적 연구 중에는 이 자료의 한자 표기와 후기 중세국어 성조 사이에 '일관된 대응 관계'를 찾기 어렵다고 본 것에서부터,[22] 이 자료의 전사자들이 성조 차원의 '비임의적' 선택 경향을 보인다는 사실 정도만을 인정하거나[23] 중세국어 성조와의 대응 관계나 상당한 정도의 '합치' 관계를 인정하면서도 그러한 관계를 벗어난 용례가 많다는 점에서 판단을 유보한 것도 있다.[24] 그러나 일부 연구는 이 자료에 쓰인 한자들의 중국 측 성조를 재구하여 중세국어의 성조와 비교하는 방법을 통해 고려어의 성조 및 15세기 성조와의 관계에 대한 더 적극적인 결론을 제시했고,[25] 《계림유사》를 국어 성조의 역사를 신라시대까지 소급시켜 줄 수 있는 자료로 평가하기도 했다.

우선, 성조에 민감한 중국인 화자가 전사한 자료라는 점, 중국에는 범어(梵語) 등 외국어를 전사할 때 운소까지 반영하는 전통이 있다는 점에서,[26] 《계림유사》의 전사체계에 고려어의 성조가 반영되었을 가능성은 충분하다고 보는데, 위의 앞선 연구들 중 마지막 부류는 이러한 기대에 부응하는 결론을 제시하였다. 먼저, 권재선(1974ㄱ)에서는 이 자료의 고려어 성조체

___

시대의 성조를 추정하는 방법이 정당하다는 견해를 제시하였다.

22 한재영(1990)이 여기에 해당하는데, 이 논문에서는 방점이 실제 성조를 표기한 것으로 보기 위해서는 더 많은 사실들이 확인되어야 하며, 거기에는 고려어가 성조언어였는지의 여부가 포함되어야 한다고 보고 《계림유사》의 고려 방언 어휘의 표기에 쓰인 한자의 성조와 중세국어 성조를 대조하였다.

23 Ramsey(1978: 7-12)에 그런 논의가 나타나는데, 그는 《계림유사》의 고려어 표기에 이용된 한자의 성조가 중세국어의 성조와 큰 차이를 보인다고 하면서도, 이 자료의 용자에 비임의적인 성조 선택(a non-random selection of tones)의 경향이 분명히 나타난다는 점을 밝혔다.

24 김영만(1986)이나 최영선(2015)이 이런 부류에 속한다.

25 권재선(1974ㄱ), 권인한(1991), 김성규(2004)가 여기에 해당한다.

26 물론 이러한 사실이 《계림유사》의 전사체계가 고려어 성조체계를 완전히 반영했다는 것을 보장하지는 않는다(Ramsey 1978: 3). 음운체계가 다른 두 언어 사이의 전사에는 분절음 전사에 우선적인 노력이 주어지고, 운소는 뒤로 밀릴 가능성이 크기 때문이다.

계와 후기 중세국어의 '일반 어휘'가 성조상 50%의 일치율을 보인다는 점, 어미의 경우 마지막 음절이 모두 평성자로 전사되는 강력한 '일률성'이 나타난다는 점과 함께, 고려어 성조가 '고-저, 상승-하강'의 체계를 가졌으리라는 견해를 제시하였다. 권인한(1991)에서는 전사자의 성조론적 분포 조건 등 엄밀한 기준에 따라 선별된 '진정한 의미에서의 성조 대응을 보이는 항목'만을 대상으로 '개봉음 성조 : 중세국어 성조형'의 조류(調類) 차원의 대응 관계를 분석한 결과, 일부 중국 쪽 성조 변화에 기인하는 것으로 해석할 수 있는 부분을 제외하면, 그 대응 관계가 '중고음 : 중세국어' 및 〈번역노걸대박통사 범례〉에 묘사된 '중국어 성조 : 중세국어 성조'의 대응 관계와 일치한다는 견해를 제시하였다. 아울러 이러한 결과를 토대로, 고려어의 성조체계가 '한국 한자음의 저변에 깔린' 고대국어의 성조체계 및 중세국어의 성조체계와 크게 다르지 않음을 암시한다는, 거시 성조사적 해석을 내놓았다. 김성규(2004)에서는 《계림유사》에서 '적극적 표기' 전사자로 표기된 2음절어만 대조한 결과, 용언 언미가 주로 평성자로 표기된 것을 제외하면, '말(馬)'-류(저조)는 평성자로, '말(斗)'-류(고조) 및 '말(語)'-류(상승조)는 상성자와 거성자로 전사되었음을 확인하면서, 어미 성조에 대한 권재선(1974)의 견해 및 국어 성조사에 대한 권인한(1991)의 견해와 같은 해석을 제시하였다.

《계림유사》 전사체계의 성조 반영 가능성에 대한 이들 '긍정론'의 견해와 같이, 손목(孫穆)이 고려어의 성조까지 전사하려는 의도를 가졌을 가능성이 있을 뿐 아니라, 그러한 의도에 따른 표기로 볼 만한 실제적인 근거가 존재한다는 점은 인정할 수 있을 것을 본다. 이는 이 자료의 전사체계에서 확인되는 성조 대응의 양상이 그 자체로 고려어가 성조를 가진 언어였음을 확인해 주는 것으로, 나아가 이 대응 양상에 대한 성조론적 해석이 두 언어의 성조사 기술에 이용될 수 있음을 인정한다는 것을 의미한다. 물론, 손목이 가진 중국어 성조의 정확한 조치(調値)를 기준으로 삼기 어려운 현실에서, 조류 차원의 대응 관계로부터 고려어 성조체계의 세밀한 상태를 파악한다는 것은 매우 어렵다. 개별 어휘로 보면 중세국어와의 대응 관계상 일관성이 없거나 규칙에서 벗어난 표기 사례가 다수 발견되는 것 외에, '말(斗)'-류(고조형)와 '말(語)'-류(상승조형)의 전사 양상에는 여전히 충분한 설명이 되지 않은 부분이 있는 것이 사실이다.[27] 아울러, 같은 성조언어라고 하더라도 뚜렷한 성격 차이가 있는 외국어를 일반인이 전사한 것이라는 점에서 이 자료의 전사체계에 대해 성조와 같은 운율 요소를 완전하게 반영했기를 기대하기 어렵거니와 위의 앞선 연구들의 결론이 주로 양 국어 성조의 조치(調値)보다는 조류(調類) 상의 대응 관계를 토대로 나온 것이어서 당대 성조체계의 구체적인 모습을 이끌어 내기는 불가능하다. 따라서 현재의 시점에서는 위의 '긍정론'들이 이 자료의 대응 관계를 근거로 내놓은 고려어 성조체계의 모습이나 국어 성조사 차원의 판단 중에서 현저한 일관성을 보이거나 다른 방면의 연구 결과와 일치하는 것들을 선별하여 수용하는 태도를 취할 수 있을 것으로 본다. 특히, 중세국어의 '말(馬)'-류(저조형)가 평성자로 전사되었고, "말(斗)'-류(고조형)'류와 '말(語)'-류가 거성자 및 상성자로 전사된 경향은 일부 세부적인 사항에 대한 설명의 어려움에도 불구하고 국어 성조사의 기술에 이용될 수 있는 중요한 단서라고 본다.[28]

---

27 '말(斗)'-류(고조형)의 일부가 음평자로, '말(語)'-류(상승조형)의 일부가 입성자로 전사된 것을 중국 성조사의 변화에 기인하는 것으로 해석하거나(권인한 1991: 225-226), 대상 어휘 형태가 불확실함을 근거로 대응 관계 판단을 보류(김성규 2004: 117)한다고 하더라도, '말(斗)'-류와 '말(語)'-류의 전사 양상을 '중고 한어 : 중세국어' 대응 관계에 있어서의 '상거무별'과 같은 현상으로 해석하고 마는 데 대해서는 아쉬움이 남는다. '말(語)'-류가 상성, 거성, 입성자로 고루 전사된 반면, '말(斗)'-류의 일부가 상성자로, 절반 이상이 거성자로 전사된 점을 '상거무별'과 같은 상황으로만 해석하기는 어려운 점이 있기 때문이다.

28 3장에서 거론하겠지만, 《계림유사》의 전사체계가 보이는 'L: 평성, H: 상, 거성'의 대응 관계가 중고 한어와 중세국어 사이의 대응 관계와 크게 다르지 않다는 점은 한자음 형

《조선관역어》도 중국 측 전사 자료라는 점에서 《계림유사》와 유사한 성격의 성조사적 의미를 가진다. 《조선관역어》의 역음자(譯音字) 선택에 나타나는 성조론적 비임의성, 특히 다음절어를 적은 글자들에 나타나는 통계적 규칙성에 대해서는 Ramsey(1978: 3-7)에서 지적한 바 있거니와, 이 자료에 나타나는 중국어와 조선어의 성조 대응 관계와 의미는 권인한(1998)에 의해 종합적으로 검토되었다. 이 연구에 따르면, 《조선관역어》에서는 중세국어의 '말(馬)'-류(저조형)는 상성자로, '말(斗)'-류(고조형)는 거성자로, '말(語)'-류(상승조형)는 양평자로 전사한 것으로 요약되는데, 이러한 양상은 〈번역노걸대박통사 범례〉 '방점조'에 나타난 중국어 성조와 중세국어 성조의 대응 관계와 일치하는 것이다. 권인한(1998: 397)에서는 이러한 결과에 대해, 15세기 국어의 성조체계가 16세기의 그것과 다르지 않음을 알려주는 것으로 해석하였다. 그 밖에, 김성규(2004)에서는 《조선관역어》에서 어미 '-다'와 '-라'가 거성자로 전사된 점을 근거로 《계림유사》 시기와 《조선관역어》 시기 사이에 국어 어미 성조가 평성('말(馬)'-류)에서 거성('말(斗)'-류)으로 변화한 것으로 보았다.

위에서 살핀 대로, 《계림유사》와 《조선관역어》의 전사체계에 나타나는 중국어와 국어의 성조론적 대응 관계는 당대 국어 성조체계의 구체적인 모습을 보여주기에는 미흡한 점이 있음에도 불구하고, 국어 성조체계의 역사를 기술하는 문제와 관련된 거시적인 판단을 하는 데 도움을 줄 수 있을 것으로 본다.[29] 아울러, 이 두 자료는 둘 다 당대 중부 지역어가 성조언어였음을 지지하는 근거가 될 수 있다는 점에서도 상당한 의미를 지닌다고 본다. 중세국어의 성조체계는 훈민정음의 설명과 당대 문헌들의 방점 표기, 그리고 현대 방언 성조체계와의 정연한 대응 관계 등을 통해 입증되

성기 국어의 성조체계가 '말(馬)-저, 말(斗)-고' 체계였을 것이라는 관점을 지지하는 근거가 될 수 있다.

29 이러한 사항에 대해서는 3장의 해당 부분에서 다시 언급된다.

는 바이지만, 이 두 자료에 반영된 성조체계는 중국인에 의해 관찰된, 당대 중부 지역어의 것일 가능성이 가장 높다는 점에서,[30] 중세국어 문헌들과는 다른 차원에서 성조언어로서의 중세 중부지역어의 운율사적 위상을 확인해 주는 것으로 인정될 수 있다.

1.3. 운소사 기술의 범위와 내용

이상의 논의를 바탕으로 할 때, 국어 운소사는 성조와 음장을 주된 대상으로 하되,[31] 언어학적 방법론으로 그 체계 및 변화 과정을 기술할 수 있는 시대와, 몇 가지 간접적인 사실들을 바탕으로 하여 추론적으로 재구할 수밖에 없는 시대로 나누고, 전자에 대한 분석을 통해 얻은 결과를 바탕으로 후자에 대한 추론적 논의를 시도하고, 다시 이들을 통합하는 방식으로 기술할 수밖에 없다. 후기 중세국어와 현대국어 여러 방언의 운소체계에 대한 공시적 기술, 그리고 그들 각각의 변화에 대한 검토가 전자에 해당하고 나머지 시대를 포함한, 시대 간 통시적 과정에 대한 기술은 후자에 속한다. 앞에서 말했듯이, 성조의 발생 문제를 포함한, 고대국어보다 앞선 시대의 운소에 대한 내용은 제외된다. 그리고 근대국어 시기의 운소체계 및 변화에 대한 내용은 그 전후 시기의 모습을 바탕으로 한 추론적 논의에 머

---

30 이러한 판단은 《계림유사》의 국어 음운사적 가치에 대한 이기문(1968)의 관점과 궤를 같이한다.
31 현대국어의 초분절음에는 억양도 있다. 그러나 억양은 구나 문장에 얹혀 주로 화자의 심리적 태도나 정서를 표현하고, 일부 문장의 종류를 구별하는 기능을 하지만, 단어 차원의 변별 기능을 가지지 않는다는 점에서 성조나 음장과 같이 다루기는 어려운 면이 있다. 아울러, 억양에 대해서는 그 역사를 기술할 만큼의 연구 성과가 축적되어 있지 않다. 이러한 상황을 고려하여, 이 글에서는 억양을 제외하고 성조와 음장만을 대상으로 삼기로 한다.

물 수밖에 없다. 고대국어의 운소에 대해서도 그 체계의 구체적인 모습을 밝히는 데까지 나아가기는 어려우나, 위에서 거론한 몇 가지 자료들을 바탕으로 하는 추론적 논의를 할 수 있고 그것을 통해, 이 시기의 운소체계 및 그 이후의 변화와 관련된 거시 운소사의 주요 내용에 대한 제안을 할 수 있으리라 믿는다. 중세국어와 현대국어 운소체계들 사이의 관계는 일단 대등하게 놓고 비교 기술하고 그들 각각의 변화상을 살핀 다음, 그 결과로부터 도출되는 내용을 역사적 논의로 발전시킬 수 있다. 이 과정에서 다른 자료, 즉 앞에서 검토한 고대국어의 차자표기, 중국 쪽 전사자료인《계림유사》와《조선관역어》등과 함께 중국과 한국의 한자음 관련 주제들에 대한 연구 성과들이 참고될 수 있을 것이다.

따라서 이 글에서 국어 운소사 기술을 위해 논의할 내용은 크게 다음의 세 항목으로 정리된다.

(1) ㄱ) 후기 중세국어 및 현대 방언의 운소·운율체계와 변화 양상 검토
 ㄴ) 운소체계 간 대응 관계의 통시적 의미 해석 및 체계 변화의 주요 내용 추출
 ㄷ) 운소체계 변화의 주요 내용 검토

ㄱ)은 운소사 기술을 위한 근거 자료이면서 그 자체로 운소사 기술의 대상이기도 한, 운소체계들의 공시적인 모습과 주요 변화상을 검토하는 항목이다. 중세국어의 성조체계로부터 현대 방언의 성조체계, 음장체계, 그리고 비변별적 음고형 체계를 차례로 살피되 운소사 기술과 관련된 사항에 중점을 두고자 한다. ㄴ)은 개별 운소체계들 사이의 대응 관계를 정리하고 그 대응 관계가 운소사 차원에 대해 가지는 의미를 해석하면서, 전반적인 체계 변화의 주요 주제를 추출하는 항목이다. 운소체계들 사이의 대응 관계는 형태나 단어, 어절이 가지는 '운율형' 차원과 이 운율형을 단위

로 하여 이루어지는 음운 과정 차원에서 검토될 것이다. ㄷ)은 ㄴ)을 통해 추출된 주제별로 국어 운소체계의 주요 변화를 고찰하고 기술하는 항목이다. 여기에서는 개별 운소체계들이 겪었거나 겪고 있는 변화의 양상들, 체계 사이의 대응 관계로부터 추출되는 통시적 변화의 방향이나 경향 등과 함께 한·중 양국의 한자음 성조에 대한 연구 성과들과 앞에서 검토한 몇 가지 간접적인 자료들이 함께 이용될 것이다.

제2장 중세국어와 현대 방언의 운소체계와 변화 양상

1장에서 언급한 대로, 중세국어의 성조체계와 현대국어의 방언들이 가지고 있는 여러 운소체계는 각각 그 자체로 국어 운소사의 한 부분이 될 뿐 아니라, 그들 사이에 존재하는 정연한 대응 관계는 운소 변화의 중요한 내용들을 담고 있다. 따라서 국어 운소사를 기술하는 일은 이 운소체계들의 공시적인 모습과 변화 양상을 검토하는 일로부터 시작되어야 한다. 이러한 생각에 따라, 2장에서는 중세국어의 성조체계, 현대국어 방언의 성조체계와 음장체계, 그리고 중·서부 여러 방언에 나타나고 있는 '비변별적 음고형 체계'를 기술하고 그들 각각의 변화상을 검토함으로써, 다음 장에서 이들 사이의 대응 관계를 바탕으로 운소사를 구성하는 데 필요한 기반을 마련하기로 한다.[32]

---

32 이 장의 내용 중 중세국어와 현대 방언의 성조체계에 대한 내용은 이문규(2017/2018)의 해당 부분을 요약한 데다가 통시적인 사항을 보완한 것이다. 따라서 각 방언의 성조 자료에 대한 사항도 이 책의 해당 부분에서 밝힌 것과 같으므로 여기서는 따로 소개하지 않는다. 아울러, 개별 운율체계를 기술하고 비교하기 위해 사용하는 기술 이론도 이 책의 '형태소 성조형 중심의 두 단계 성조 기술론'을 기본으로 삼는다. 이 기술론에서는 중세국어와 현대 방언의 성조체계를 {형태소 성조형}의 결합으로 /어절 성조형/이 형성되는 단계와 /어절 성조형/이 성조형 실현 규칙의 적용을 받아 [표면 성조형]으로

2.1. 중세국어의 성조체계

훈민정음을 비롯한 몇몇 문헌에 제시된 성조 관련 기록과 당대 한글 문헌의 방점 표기를 통해 볼 때, 중세국어는 저조(L)와 고조(H), 그리고 상승조(R)의 세 음고,[33] 그리고 각각 이 음고들로 시작하는 세 개의 성조형을 가진 성조언어이다.

음고(pitch)는 매 음절별로 실현되는 성조의 최소 실현 단위로, 중세국어에는 세 개의 음고가 있는데, 이 중 저조와 고조는 짧은 수평조이고 상승조는 길이를 가진 굴곡조이다.[34] 이들 중에서, 저조와 고조는 한 어절의 모든

실현되는, 두 단계의 음운 과정으로 기술한다. '성조형(운율형)'을 세 층위로 구분하고 그 중 형태소 성조형을 기술의 기본 단위로 삼는다는 점이 이 기술론의 가장 큰 특징이다. 이 기술론에 따른 표면 성조형 실현의 과정은 아래에서 설명된다.

33 음고나 음장의 소릿값은 다음과 같이 표기한다.

고조 H, 저조 L, 상승조 R, 최저조 Γ, 단음 V, 장음 W,

음고나 음장이 명세되지 않은 음절 X

34 중세국어 성조론에는 이 셋을 모두 성조로 인정하는 관점도 있고, 상승조를 저·고 복합조(L·H)로 보아, 중세국어의 성조체계를 두 개의 수평조만 가진체계로 기술하는 관점도 있다. 여기서 상승조를 단일 성조(R)로 보느냐 아니면 복합 성조(L·H)로 보느냐 하는 문제는 국어 성조론의 가장 오랜 쟁점 중 하나이다. 1960년대 초반에 확립된 복합 성조설은 음절 성조를 분석하여 그 체계를 세우는 것을 성조 기술의 첫 단계로 보았던 당대에는 매우 중요한 성과 중 하나였다. 여기서 상승조를 복합조로 분석하는 근거로는 'L+H→R'의 축약 현상, '거성불연삼'을 목표로 하는 율동 규칙이나 소위 '전의적 성조'를 가진 형태의 성조 결정에 대해 R이 H와 같은 역할을 한다는 점 등이 제시되었다. 이에 대해서는 'L+H→R' 축약 현상의 존재가 모든 상승조를 재음소화하는 근거가 되지는 못한다거나 경북방언에서 '마암(心)[LH]'은 '맘[R]'으로 축약되지 않는 반면 'ㅂㅗL+았L→봤(봤)R'과 같은 축약 현상이 존재하지만 이 방언의 상승조를 'L+L'의 복합으로 볼 수 없다는 점 등을 들어 상승조를 단일 성조로 처리하는 관점이 있다. 이 글에서는 성조를 저조나 고조라는 높이의 절대적 단계뿐 아니라 음높이의 '움직임(movement)'까지 포함한 개념으로 보는 성조론의 일반적인 관점에서 볼 때, 중세국어나 경북방언의 상승조는 '상승'이라는 음고의 움직임 자체를 핵심 자질로 보는 것이 유익하다는 점, 성조형을 기본 단위로 보는 기술이론에서는 성조의 수를 줄이는 것이 중요한 문제는 아니며, 율동규칙 등에서 상성의 뒤 부분이 거성과 같은 기능을 하는 것은 성조형 차원에서도 설명할 수 있다는 점, 표기상 '저고 복합조(L·H)'보다는 '상승조(R)'가 더 간편하다는 점 등을 고려하여 이 성조를 단일 성조인 상승조로 기술하기로 한다.

음절에 나타날 수 있는데 반해, 상승조는 특별한 경우를 제외하면 어두 음절에만 나타나는데,[35] 이것은 현대 성조방언에서 이 음고에 대응하는 음고나 음장방언에서 장음이 분포하는 조건과 일치한다.

성조형(tonal patterns)은 개별 형태소의 구성 자질이면서 어절[36] 단위로 실현되는 성조방언의 운율형이다. 중세국어의 모든 어휘 형태와 문법 형태는 어휘부에서 성조형에 대한 정보를 필수 구성 자질로 가진다. 예를 들어, 중세국어의 '물', '말', '말'은 각각 그 성조형에 대한 정보까지 명세되어야 '물(馬){L}', '말(斗){H}', '말(語){R}'[37]과 같은 '온전한 단어'가 된다.[38] 여기서 {L}, {H}, {R}은 각각 이 세 단음절 단어들이 가진 형태소 성조형인데,[39] 중세국어에서 대부분의[40] 1음절어는 세 개의 음고, 즉 저조(L), 고조(H), 상승조(R) 중 하나를 형태소 성조형으로 가지며 다음절어는 이 음고 중 하

---

35 중세국어에서 비어두 상승조는 '듣즙고[LRH]'나 '목숨[LR]', '말씀마다[RLRH]과 같은 복합 형태로 이루어진 어절이나 '부톄[LR]', '곡되라(幻)[LRH]'와 같이 음절 축약의 결과로 형성된 어절에 나타난다. 그런데 이 성조형은 다른 성조형과는 달리, 중세국어 안에서 형태소나 단일어의 성조형으로는 존재하지 않는다는 점, 현대 방언에는 대응하는 성조형이 없다는 점이 특징이다. 비어두 상승조를 가진 이 '특별한' 성조형에 대해서는 중세국어의 성조형으로 인정하는 관점도 있으나 필자는 이러한 성조형이 단일어의 성조형, 즉 형태소 성조형으로는 존재하지 않는다는 점을 중시하여 이들을 하나의 성조형으로 인정하지 않는 관점을 가지고 있다. 이 관점은 동남방언의 비어두 상승조형이나 음장방언의 비어두 장음형에 대해서도 유지된다.

36 여기서 '어절'은 하나의 운율형이 실현되는 단위, 즉 운율론적 어절을 가리키는 개념으로, '기식군(breath group)'이나 '음운 단어(phonological word)', '운율구(prosodic phrase)', '말토막(rhythm unit)' 등과 대체로 일치하는 음운론적 단위이다. 이 단위는 성조 실현의 최대 단위이면서 음고 조정 및 배정을 내용으로 하는, 성조형 실현 규칙의 적용 영역이 된다.

37 { }은 개별 형태나 단어들이 어휘부에서 부여받은 성조형, 즉 '형태소 성조형'을 표시한다.

38 이 점은 중국어의 단음절 단어가 성모(聲母)와 운모(韻母), 그리고 자조(字調)의 결합으로 이루어지는 것과 같다.

39 이 경우 L, H, R은 단음절 단어의 형태소 성조형(tonal pattern)인 동시에 음고(pitch)를 표시하는 기호가 된다.

40 1음절 용언 어간 중에는 둘 이상의 성조형을 가진 '복수 기저형' 어간 부류도 있다.

나로 시작하는 성조형을 가진다.

세 성조형 중 하나를 운율 자질로 가진 형태나 단어들의 부류를 하나의 집합으로 가정할 때, 중세국어의 세 성조형이 이루는 집합 각각의 원소는 성조방언들의 그것들과 대체로 일치한다. 즉, 같은 성조형을 가진 형태나 단어의 부류는 중세국어와 모든 성조방언에서 대체로 일치한다. 예를 들어, 중세국어의 '곶(花)', '물(馬)', '가지(種)', 'ㅂ룸(風)', '며느리'에 해당하는 단어들은 모든 방언에서 '꽃'이나 '말(馬)'이 속한 부류의 성조형을 가진다. 앞선 연구들이 보고한 개별 방언들의 성조 자료를 대비하면, 형태소나 단어들이 서로 다른 방언에서 같은 성조형 부류에 속하는 정도, 즉 '대응 관계 일치율'을 계산할 수 있다. 이문규(2017/2018: 297-305)에서 계산한 결과를 보면, 명사는 중세국어, 함경도 육진방언, 경남 창원방언 간에 평균 80.9% 정도의 일치율을 보이고,[41] 용언 어간은 육진방언과 창원방언 간에 평균 88% 정도의 일치율을 보인다.

중세국어와 방언의 성조체계를 기술하는 일은 세 성조형별로 그 음고 차원의 소릿값을 결정하고 각 부류에 속하는 형태나 단어 목록을 작성하는 일로 시작한다. 여기서 같은 성조형을 가진 형태나 단어 부류, 그리고 그 성조형을 일정한 이름으로 통일하여 부르면 둘 이상의 개별 운소체계들을 대비하고 상호 대응 관계를 검토하는 데 효과적인 면이 있다. 예를 들어, 중세국어의 '곶(花, {L})'에 대응하는 단어는 함경방언에서는 저조형({L})인 반면 경상방언과 강원 영동방언에서는 고조형({H})이다. 따라서 음고를 기준으로 이름을 붙인다면, 이 단어는 중세국어와 함경방언에서는 '저조형'이 되고, 경상방언과 강원 영동방언에서는 '고조형'이 된다. 그런데 '저조형'이나 '고조형' 같은 이름은 개별 방언을 기술할 때는 문제가 없으나 여러 방언을 대비하면서 통합적으로 기술할 때는 다소 혼란스러

---

41 각 유형 별로, 비교 단어 수가 5개 미만인 경우를 제외하면 일치율이 88.6%가 된다.

울 뿐 아니라, 각 부류가 모든 방언에서 가지는 성조형 차원의 동질성을 표상하지 못한다. 이러한 어려움은 모든 방언에서 세 부류의 성조형을 일정한 이름으로 통일하여 부르는 방식으로 극복될 수 있는데, 여기서는 세 성조형 부류에 속한 1음절 명사들 중 동남방언의 전통적인 성조론적 최소대립 쌍인 '말(馬), '말(斗), 말(語)'을 사용하여, 성조형 부류는 각각 '말(馬)-류', '말(斗)-류', '말(語)-류'로, 각 부류의 성조형은 '말(馬)-류 성조형/'말(馬)-형, '말(斗)-류 성조형/'말(斗)-형, '말(語)-류 성조형/'말(語)-형으로 부르고자 한다.[42]

중세국어에서 '말(馬)-류 성조형은 첫음절이 저조(L)이므로, 중세국어 안에서는 이 부류를 '저조형'으로 부를 수 있다. 이 성조형에는 저조로만 이루어진 형과 하나 이상의 저조 뒤에 하나 이상의 고조가 붙은 형의 두 하위 성조형이 있다. 전자는 평탄형이고 후자는 저조에서 고조로의 '음고 오름(pitch jumping)'이 있는 형이다. '곶(花){L}, 물(馬), ᄆᆞᄉᆞᆷ(心){LL}, ᄇᆞᄅᆞᆷ(風), ᄃᆞ외-(爲){LL}, 게으르-(怠){LLL}' 등은 음고 오름이 없는, 평탄 저조형을 가진 부류이고, '소리{LH}', '가마괴{LLH}', '비호-{LH}', 'ᄀᆞᄅᆞ치-{LLH}'는 '음고 오름이 있는 성조형'을 가진 부류이다. 음고 오름이 없는 저조형 체언이나 용언 어간에 각각 조사나 어미가 결합하여 구성되는 어절은 '고지/LH/[LH], ᄆᆞᅀᆞ미/LLH/[LLH], ᄃᆞ외야/LLH/[LLH], 게으르디/LLLH/[LLLH]'처럼 '음고 오름이 있는 저조형'이 된다. 여기서 '음고 오름이 있는 저조형'은 몇 번째 음절에서 오름이 시작되는가 하는 정보, 즉 음고 오름의 위치가 변별 요소가 된다. '소리{LH}'는 첫음절이, '가마괴{LLH}'는 둘째 음절이, '게으르디/LLLH/'는 셋째 음절이 음고 오름이 시작되는 위치이다. 그런데 경상방언에서는 '소리{HL}'는 첫음절에서, '까마구{HHL}'는 둘째 음절에서, '게으르

42 같은 목적을 가진 다른 앞선 연구들은 중세국어의 성조형 이름인 '평성, 거성, 상성'(김차균)이나 친숙하고 표상력이 높은 '꽃(花)류 성조형, 풀(草)류 성조형, 별(星)류 성조형'(김영만)을 사용하기도 했고, 세 성조형에 표기된 방점의 수를 나타낸 '0형, 1형, 2형'(김주원)을 사용하기도 했다.

지'는 셋째 음절에서 각각 '음고 내림(pitch dropping)'이 일어난다. 중세국어에서는 음고 오름이 일어나고 경상방언에서는 음고 내림이 일어나지만 그 위치는 같다.

중세국어에서 '음고 오름이 있는 저조형'의 첫 고조 뒤 음절들의 음고는 음절수에 따라 자동적으로 정해지는데, 여기에는 성조형 실현 단계에서 이 음절들에 음고를 배정하는, 다음과 같은 '성조형 실현 규칙'이[43] 작용하는 것으로 설명된다.[44]

(2) /L₁H/→[L₁H], /L₁HX/→[L₁HH], /L₁HXX/→[L₁HLH], /L₁HXXX/→[L₁HHLH], /L₁HXXXX/→[L₁HLHLH] …

(2)는 이 부류에 속하는 어절에서 고조가 한번 나타나면 그 뒤 음절의 음고는 원래의 음고에 상관없이 위의 규칙에 따라 저조나 고조 중 하나로 일정하게 실현됨을 의미한다. 따라서 형태소 성조형이나 어절 성조형 단계에서 첫 고조의 위치만 밝혀지면 표면 성조형을 예측할 수 있다. 예를 들어, '며느리를'은 '첫음절이 저조이고 둘째 음절이 고조인 4음절어', 즉 둘째 음절에서 음고 오름이 일어나는, '말(馬)-형 4음절어이다. 이 성조형에서 H 뒤의 두 음절은 위 (2)의 적용을 받아 각각 L과 H를 배정받게 되므로 '며느리를'은 최종적으로 '[LHLH]'로 실현된다. 이 어절의 첫 고조 뒤의 음절, 즉 셋째 음절과 넷째 음절의 음고 정보는 표면 성조형이 결정되는 데 아무런 관여도 하지 않는다. 그러므로 이들을 '음고가 명세되지 않은 음절'이라는 의미의 'X'로 표기하면, '며느리를'의 어절 성조형은 /LHXX/ 혹은 /LHX²/로 표기할 수 있다. 같은 방식으로, 중세국어의 '고조가 붙은 저조

---

43 앞선 여러 연구들이 '율동 규칙'으로 부른 것이 이 규칙에 해당한다.
44 성조형 표기에 사용된 'X'는 음고가 명세되지 않은 임의의 음절을, 위첨자는 그 수만큼의 자연수를, 아래첨자는 그 수 이상의 자연수를 표시한다.

형(음고 오름이 있는 저조형)'의 일반형은 'L^nHX_0'이 되고, 고조가 붙지 않고 저조만 있는 저조형(평탄형, 음고 오름이 없는 저조형)은 'L^n'이 된다.

다음으로 중세국어의 '말(斗)-류 성조형은 첫음절이 고조인 성조형이라는 의미로 '고조형'이라고 부를 수 있다. 이 성조형의 표면형은 '1음절어는 [H], 2음절어는 [HH], 3음절어는 [HLH], 4음절어는 [HHLH], 5음절어는 [HLHLH] …'식으로 그 음절수만 알면 예측이 가능한데, 이것은 이 성조형에도 위 (2)와 동일한 내용의 성조형 실현 규칙이 적용되기 때문이다.[45]

> (3) /H/→[H], /HX/→[HH], /HXX/→[HLH], /HXXX/→[HHLH], /HXXXX/
> →[HLHLH] …

예를 들어, 3음절어인 '구룸과'는 [HLH]'로, 4음절어인 '어즈러톤'은 '[HHLH]'로 실현된다. 따라서 이 성조형의 형태소 성조형이나 어절 성조형은 첫음절이 고조라는 점과 음절수만 밝혀서 'HX_0'로 표기할 수 있다. 중세국어에서 고조형을 형태소 성조형으로 가진 체언과 용언 어간에는 다음과 같은 것들이 있다.

> (4) ㄱ) 길ㅎ(道){H}, 믈(水){H}, 말(斗){H}, 플(草){H}, 꿈(夢){H}, 구룸
> {HX}, ᄀᆞᄆᆞᆯ(旱){HX}, ᄉᆞ매(袖){HX}, 아기{HX}, 톳기(兎){HX}, 두
> 루미(鶴) {HX²}, 므지게(虹){HX²}
> ㄴ) 들-(入){H}, 쓰-(用){H}, 짇-(藉){H}, 쓰-(書){H}, ᄑᆞᆯ-(賣){H}, ᄀᆞᄆᆞᆯ-
> (旱) {HX}, 드믈-(稀){HX}, 브리-(使){HX}, ᄭᅮ미-(飾){HX}, 어즈럽-
> (亂) {HX²}

---

45 (2)와 (3)은 한 어절 안에서 첫 고조 뒤 음절들의 음고를 결정하는 역할을 한다는 점에서 사실은 하나의 규칙이다.

중세국어의 '말(語)'-류 성조형은 첫음절이 상승조이기 때문에 '상승조형' 이라고 부를 수 있다. 앞의 '말(斗)'-류와 마찬가지로, 이 부류의 표면 성조형도 음절수에 따라 규칙적으로 실현된다. 예를 들어, '님금'은 [RH]로, '힝뎌글'은 '[RLH]'로, '사ᄅ미오'는 '[RHLH]'로 실현된다. 이 성조형의 실현 과정에도 (2), (3)과 동일한 내용의 성조형 실현 규칙이 작용하기 때문이다.[46]

(5) R→[R], RX→[RH], RX²→[RLH], RX³→[RHLH], RX⁴→[RLHLH] …

따라서 이 성조형의 형태소 성조형이나 어절 성조형도 첫음절이 상승조라는 점과 음절수만 밝혀서 'RX₀'로 표기할 수 있다. 중세국어에서 상승조형을 형태소 성조형으로 가진 체언과 용언 어간에는 다음과 같은 것들이 있다.

(6) ㄱ) 눈(雪){R}, 돌ㅎ{R}, 말(語){R}, 벋(友){R}, 별(星){R}, 새(鳥){R}, 가치(鵲){RX}, 님금{RX}, 돗귀(斧){RX}, 사름{RX}, 거머리{RX²}, 사마괴{RX²}

ㄴ) 곱-(麗){R}, 굵-(大), 둏-(好){R}, 셟-(苦){R}, 쉽-(易){R}, 언(得)-{R}, 없-(無){R}, 모딜-(惡){RX}, 쩌리-(忌){RX}, 모자라-{RX²}

그 밖에, 중세국어에는 형태소 성조형이 둘 이상인 부류, 즉 성조형 차원의 복수 기저형 어간이 있다. 이들은 결합하는 어미의 종류에 따라 서로 다른 두 성조형으로 실현되는 점이 특징이다. 이처럼 복수 기저형을 가지

---

46 (5)를 위의 (2), (3)과 비교해 보면, 상승조형의 첫음절 상승조는 저조형과 고조형 속의 첫 고조와 같은 행동을 함을 알 수 있다. 앞에서도 말했듯이, 이런 사실은 상승조를 '저·고' 복합 음고로 보는 관점을 지지하는 근거로 이용된다.

는 어간에는 두 부류가 있는데, 그 하나는 '보고[LH], 보니[LH]~보아[HH], 보느니[HLH]'와 같이, '저조형('말(馬)'-형)~고조형('말(斗)'-형)'을 가지는 어간이고[47] 다른 하나는 '아디(知)[RH], 알며[RH]~아라[LH], 아로미[LHH]'와 같이, '상승조형('말(語)'-형)~저조형('말(馬)'-형)'을 가지는 어간이다.[48] 이 중에서 후자는 모든 어미 앞에서 상승조형('말(語)'-형)으로만 실현되는 (6, ㄴ)의 '곱-(麗)'-류와 구별되는데, 이들은 음장방언에서 '장음(자음 어미 앞)~단음(모음 어미 앞)'의 변동을 보이는 부류('알-(知)'-류)와 항상 음장을 유지하는 부류('곱-'류)에 각각 대응한다.

다음으로, 중세국어의 성조론적 음운 과정에 대해 알아본다. 중세국어에서 한 어절의 표면 성조형은 하나의 형태소 성조형이 단독으로, 혹은 둘 이상의 형태소 성조형이 결합하여 '어절 성조형'을 형성하는 단계(성조형 결합 단계)와 이 어절 성조형을 '표면 성조형'으로 실현시키는 단계(성조형 실현 단계)의, 두 단계를 거쳐 실현된다.[49] 먼저, 성조형 결합 단계는 합성과 파생,[50] 그리고 곡용 및 활용 등의 과정에 수반하는데,[51] 이 단계에서는 성조형의 중화, 대치, 탈락, 축약과 같은 변동 현상이 일어날 수 있다. 성조형을 단위로 하여 일어나는 이 변동 현상들은 대부분 현대 성조방언들에서도 대응적으로 나타나며 일부는 음장방언에도 나타난다. 한편, 성조형 실현 단계에서는 앞 단계에서 성조가 중화된 음절에 대해 음고를 배정하거나

---

47 '가-(行), 나-(現), 두-(置), 보-(見), 셔-(立), 오-(來), 자-(寢)-, 주-(與), 펴-(展), 하-(多), 혀-(點火), ᄒᆞ-(爲)' 등과 같이 주로 모음으로 끝나는 단음절 어간들이 이 부류에 속한다.

48 '갈-(耕), 걷-(步), 걸-(掛), 남-(餘), 닛-(繼), 담-(橄), 덥-(暑), 돌-(回), 멀-(遠), 메-(負), 묻-(問), 볘-(枕), 붇-(滋), 뷔-(空), 빌-(祈, 借, 乞), 붋-(踏), 살-(生), 쉬-(休), 알-(知), 울-(鳴), 웃-(笑), 일-(成), 졈-(少), 쥐-(握), 짓-(造)' 등이 이 부류에 속한다.

49 이것을 '두 단계 음운 과정'이라고 부르는데, 현대 성조방언들도 같은 음운 과정을 가진다.

50 단어 형성 과정을 공시적인 과정으로 볼 수 있느냐의 문제가 있지만 여기서는 별도의 논의는 생략하고 이 단계에 포함시켜 둔다.

51 방언에서는 둘 이상의 어절이 하나의 기식군을 형성하는 과정도 포함된다.

이미 배정된 음고를 조정하는 등의, 음고를 단위로 하는 과정이 일어난다. 이와 같은 음고 배정 혹은 조정 과정은 개별 방언에 존재하는 음고 배열 차원의 표면 음성 제약에 따라 일어나기 때문에 방언마다 다르다. 이상의 내용을 따를 때, 중세국어의 성조론적 음운 과정은 다음과 같이 정리될 수 있다.

(7) {형태소 성조형} → /어절 성조형/ → [표면 성조형]

          ↑   ↑

     ①성조형 결합 ②성조형 실현

어간 '숣-(生)'에 파생 접사와 어미들이 결합하여 이룬 '숢기더니(월석 23: 81)'의 표면 성조형이 실현되는 과정을 예로 들어 본다.

(8) 숣-(生){R}(~{L})+-기-{H}+-더-{H}+-니{H}→숢기더니/LHXX/→ [LHLH]

'숣-(生)'은 자음 어미 앞에서는 상승조형('말(語)-형)으로, 모음 어미 앞에서는 저조형(말(馬)-형)으로 실현되는 복수 기저형 어간이다. 이 어간에 파생 접사 '-기-'와 어미 '-더-', '-니'가 결합하여 하나의 운율론적 어절을 형성하는 단계에서, '숣-'의 성조형 {R}('말(語)-형)이 '/L('말(馬)-형)'으로 바뀌는 성조형 '대치'와 '-기-{H}('말(斗)-형)' 뒤에서 두 어미의 성조형이 그 음가를 잃는, 일종의 중화 과정이 일어난다. 그 결과 '첫음절에서 음고 오름이 시작되는 4음절 저조형'인 '/LHX²/(숢기더니)'가 형성된다. 다음 단계에서는 이 어절 성조형에 위의 (2)에 의한 음고 배정 과정이 진행되어 최종적으로 '숢기더니[LHLH]'라는 표면 성조형이 실현된다. 성조형 실현 과정에 적용되는 성조형 실현 규칙에 대해서는 앞의 (2), (3), (5)로 살펴보았으므로, 아래에서는 중세국어의 성조형 변동에 대해 더 알아본다.

42

먼저, 둘 이상의 형태소 성조형이 결합하여 하나의 어절 성조형을 형성할 때 일어나는 변동으로, 위 (8)의 경우와 같이, 뒤 성분의 성조형이 원래의 소릿값을 모두 잃는, 성조형 중화 과정이 있다. 조사나 어미 같은 문법 형태의 성조형이 이 과정의 대표적인 대상이 된다. 예를 들어, 고조형 어미인 '-더-({H})'와 '-니({H})'가 (8)의 '숨기더니[LHLH]'에서는 각각 저조와 고조로 실현되는데, 이 현상은 이 두 어미의 성조형이 어간 '숨기-/LH/(←숨-(R)+-기-(H))' 뒤에서 원래의 성조형을 잃었다가, 다음 단계에서 각각 그 위치에 따라 음고를 배정 받는 것으로 설명된다. 여기서 두 문법 형태가 자신의 성조형을 잃음으로써 어절 성조형 결정에 관여하지 않는 상태가 되는 과정을 '성조형 중화'로 보는 것이다. 이 현상은 어절 성조형의 선행 성분이 음고 오름이 있는 저조형(L^nHX_0)이거나 고조형(HX_0), 상승조형(RX_0)일 때 나타난다. 이 성조형들을 선행 성분으로 하여 형성되는 어절 성조형에서 고조 뒤 음절들의 음고가 일정하게 실현되는 것은 이 음절들이 성조형 결합 단계에서 중화를 겪기 때문이다. 이 성조형 중화는 성조형 결합의 결과 형성되는 어절 성조형이 첫 성분의 성조형과 같게 하는 결과를 가져오며, 따라서 새로이 형성되는 어절 성조형도 기존의 형태소 성조형 중 하나가 되도록 한다.

그 밖의 성조형 변동으로는, 합성명사가 형성될 때, 저조형('말(馬)'-형) 앞에서 선행 성분의 고조형('말(斗)'-형)이 저조형('말(馬)'-형)으로 역행동화되는 현상(예: 손{H}+목{L}→손목/LL/→[LL]), 조사 '에'에 결합하는 고조형('말(斗)'-형) 명사의 성조형이 저조형('말(馬)'-형)으로 바뀌는 현상(예: 귀{H}+예{H}→귀예/LH/→[LH])이 있다. 이들은 같은 환경에서도 적용 대상이 되지 않는 부류가 있다는 점에서 불규칙적인 성조형 변동이다. 다음으로 (8)의 '숨-'이 겪는 변동과 같이, 사·피동 접사에 결합하는 어간의 성조형이 저조형('말(馬)'-형)으로 바뀌는 현상(예: 숨-(匿){H}+-기-{H}+-고{H}→숨기고[LHH], 옮-(移){R}(~{L})+-기-{H}+-어{H}→옮겨[LH])도 있다. 위에서 말했듯이, 이들은 하나의 성조형이 다른 성조형으로 바뀌는, 성조형 대치 현상인데, 모두 '고조형('말(馬)'-류 성조형)을 목표로 한다.

중세국어의 성조체계는 15세기 말부터 이미 변화된 모습을 보여주기 시작하다가, 방점 표기가 폐기되기 직전, 즉 16세기 말엽에는 상당히 달라진 모습을 보여준다. 방점 표기를 통해 확인할 수 있는 중세국어의 성조 변화로 가장 현저한 것은 (7)의 ② 단계에 적용되는 성조형 실현 규칙이 무너지게 되었다는 점이다.[52] 즉 이전까지 규칙에 의해 결정되던 음고 배정이나 조정 과정이 불규칙한 상태로 변했다는 것이다. 이 상황을 성조형별로 말하자면, '음고 오름이 있는 저조형', 즉 고조가 붙은 저조형('말(馬)'-류 성조형)은 첫 고조 뒤에 놓인 음절의 음고가, 고조형('말(斗)'-류 성조형)과 상승조형('말(語)'-류 성조형)은 둘째 음절 이하의 음고가 규칙에 의해 예측할 수 없는 상태가 된 것이다. 상승조형의 예를 들면, 15세기 중엽에는 [RLH]로만 실현되던 '사름+의'라는 어절이 16세기 초엽 문헌인 《여씨향약언해》에서는 '[RLH], [RHL], [RHH], [RLL]'로 불규칙적으로 나타나며, 이러한 혼란상은 16세기 말엽까지 지속·심화된다. 이처럼, 하나의 어절 성조형이 둘 이상의 표면 성조형으로 실현되는 현상은 음고 조정 및 배정을 관장하는 규칙이 임의화된 상태, 즉 성조형 실현 과정이 규칙성을 잃은 상태가 되었음을 의미한다. 이러한 상황을 《석보상절》과 《소학언해》의 '사름+이'의 표면 성조형 실현 양상을 가지고 비교하면 다음과 같다(이문규 2017: 102-104).

---

52 중세국어 성조의 변화에 대한 내용은 이문규(2017)을 일부 보완하여 요약한 것이다.

(9)

단계 문헌	형태소 성조형	〈제1 단계〉 성조형 결합 규칙	〈제2 단계〉 성조형 실현 규칙	표면 성조형
《석보상절》	사룸{RX}, 이{H}	사룸{RX}+이{H} →/RX²/	/RX²/→[RLH]	[RLH]
《소학언해》			없음	[RLH]~[RLL]~ [RHL]~[RHH]

    《석보상절》의 성조체계에는 '/RX²/→[RLH]'라는 성조형 실현 규칙이 있어서 '사룸이'는 항상 [RLH]로만 실현되지만, 《소학언해》에서 '사룸이 /RX²/'는 '[RLH], [RHL], [RHH], [RLL]' 중 하나로 실현된다. 형태소 성조형 단계에서 명세되지 않은 'X' 부분이 저조나 고조 중 하나로 임의적으로 실현되는 것이다. 이것은 표면 성조형이 규칙에 의해 도출되지 않는 체계, 즉, 규칙에 의해 예측할 수 없는 상태가 되었음을 의미한다. 여기서 성조형 실현의 두 과정 중 하나가 임의화 되었다는 것은 이 시기 국어의 성조체계가 이전의 체계로부터 큰 변화를 입은 상태라는 것을 말해 준다. 여기서, 성조형 실현 규칙의 임의화가 어느 정도의 변화인지는 현대 성조방언의 경우를 대비해 보면 잘 드러난다. 예를 들어, 모든 경북방언에서 '말(語)'-류 3음절어인 '사람이'의 어절 성조형은 /RX²/로 같지만, 그 표면 성조형은 하위 방언에 따라 달라서, 대구방언에서는 [RHL]로만, 울진방언에서는 [RLL]로만 실현된다. 만약 대구방언에서 이 어절이 [RLL]로 실현되거나 울진방언에서 [RHL]로 실현되면 그 방언 화자는 각각 다른 방언을 들었다고 생각한다. 즉 '사람이'는 [RHL]로 실현될 때만 대구방언으로, [RLL]로 실현될 때만 울진방언으로 인정된다. 이렇게 볼 때, '사람이'가 '[RHL], [RHH], [RLH], [RLL]' 중 하나로 자유롭게 실현되는 상태가 된다는 것은 첫음절 'R'이 유지되고 있음에도 불구하고 '[RHL]'로만 실현되던 시기와는 완전히 다른 체계가 되었음을 의미하는 것이다.

그러나 이러한 심각한 변화에도 불구하고, 방점 표기가 지속된 16세기 말엽까지 중세국어 성조의 비음운화가 완성된 것으로 볼 수는 없다. 이 시기까지도 어절 내에서 첫음절을 포함한, 변별력이 요구되는 음절의 음고는 변하지 않았고,[53] 따라서 대부분의 형태나 단어가 여전히 세 성조형 부류 중 하나로 분류될 수 있었다는 점,[54] 아울러, 위 (7)의 ① 단계, 즉 성조형 결합의 단계가 이전 시기와 같았다는 점에서 성조형의 대립 관계 자체는 유지되었던 것으로 봐야 할 것이기 때문이다. 앞선 연구들에서 《소학언해》를 비롯한 16세기 말엽의 문헌들에 대한 분석을 통해 내린, '어간부 성조'는 일부 소수례에 한하여 변화를 보여 준다거나(정연찬 1974: 235 등) '기저 성조'의 큰 변화가 없었다는(김성규 1994: 143) 결론도 이 시기의 형태소 성조형 체계가 기본적으로 15세기 중엽의 그것과 같다는 이 글의 판단과 같은 것으로 볼 수 있다. 특히, 김차균(2010: 66)의 '운율적 낱말의 첫음절 방점의 양방향 단일성 조건'을 근거로 한, 《소학언해》와 현대 창원방언 간 방점형 대응 관계 조사 결과는 16세기 말엽의 국어의 형태소 성조형 체계가 15세기 중엽의 그것과 큰 차이가 없었음을 잘 보여 준다.

---

53 앞선 연구들이 16세기 문헌에서 변별 위치의 음고가 혼란되거나 바뀐 모습을 보이는 것으로 지적한 형태나 단어들 중에는 현대국어 운율체계와의 대응 관계로 볼 때, 진정한 변화의 예로 보기 어려운 것도 포함되어 있으나, 실제 변화를 겪은 것으로 봐야 할 것도 있다. 김완진(1973/1977: 117-121)에서, 상승조의 소릿값에서 '상승' 부분이 없어지면서 장단을 변별적 자질로 가지는 쪽으로 변해가는 과정에서 나타나는 현상의 예로 제시되었던 '엇더ᄒᆞ뇨[LHLH](번박 상:2ㄴ)', '엇디[HH](번박 상:66)', '빈 내여[LH]' (번박 상 61), '혜여도[LHH]'(번박 상 61) 등이 그러한 예에 속한다. 앞의 둘은 15세기 문헌에서 '말(語)'-형이었던 것인데 현대 중부방언에서 단음형으로 실현되는 예이고, 뒤의 둘은 15세기 중반 문헌에서 '말(語)'-형이었던 것인데, 현대 중부방언에서는 '말(語)~말(馬)'의 복수 기저형으로 실현되는 예이다. (후자와 같은 부류에 대해서는 김한별 (2013)에서, 'ㅣ'(y)로 끝나는 1음절 '말(語)'-류 어간이 15세기 후반을 거쳐 16세기로 오면서 확산된 성조 변화를 겪은 것으로 다루어졌다.) 그러나 이들은 개별 형태나 일부 형태 부류가 겪은 변화로서 성조형 대립 관계 전반에 영향을 줄 정도는 아니었다.

54 따라서 이 시기에도 개별 형태나 단어의 필수 구성 자질에 성조형에 대한 정보가 포함되어야 한다.

46

(10)

방점 표기 문헌	대응표에 맞음	대응표에 어긋남	합계
훈민정음 해례	94개(89.5%)	11개(10.5%)	105개(100.0%)
소학언해 범례	100개(86.2%) [88개(91.7%)]	16개(13.8%) [8개(8.3%)]	116개(100.0%) [96개(100.0%)]
'소학언해 범례'에서 [ ] 속의 수치는 중복된 항목을 1번으로 계산한 것임.			

위 표의 수치는 《훈민정음》 및 《소학언해》와 창원방언의 '운율적 낱말'의 첫음절 위치 방점의 상호 예측 가능성을 나타내는데, 이 글의 개념으로 바꾸어 표현하면, 결국 형태소 성조형의 대응 관계 부합률과 같다. 예를 들어, '사기니라[LHLH]'(소학)와 '새기니라[HLLL]'(창원)[55]의 어절 성조형은 각각 /LHX²/와 /HLX²/인데 'X'를 제외한 부분의 대응 관계는 {LH}:{HL}로서 일반적인 대응 관계에 부합한다. 그리고 '사름이[RHL]'(소학)와 '사람이 [ΓHH]'(창원)는 《소학언해》 쪽이 중세국어의 일반적인 성조형 실현 규칙에서 벗어난 표면 성조형을 보임에도 불구하고, '사름'의 형태소 성조형, 특히 첫음절 음고는 'R(상승조):Γ(최저조)'로 일반적인 대응 관계에 부합한다는 것이다. 이 표에서, 어절 첫음절 음고 사이의 대응 관계 부합률이 《훈민정음》과 창원방언 사이는 89.5%이고 《소학언해》와 창원방언은 86.2%[56]라는 것은 형태소 성조형 체계 차원에서 보면, 《소학언해》와 창원방언의 대응 관계가 《훈민정음》과 창원방언의 그것과 다르지 않다는 점을 말하는 것이며, 이는 곧 《소학언해》 시기의 국어가 15세기 중엽 국어의 형태소 성조형 체계를 유지하고 있었음을 보여주는 것이다.

이상의 논의는 중세국어 성조체계의 근간은 16세기 말엽까지도 유지되

---

55 경남방언의 음고 표기는 이 글의 체계로 바꾼 것이다.
56 중복된 항목을 1번으로 계산한 수치는 91.7%이다.

었다는 것으로 요약된다. 즉, 16세기에는 성조형 실현 규칙의 임의화로 인해 표면 성조형을 예측하기 어려운 상황이 되었음에도 불구하고, 대부분의 형태와 어절들이 형태소 성조형 및 어절 성조형의 차원에서 15세기 중엽과 같은 부류로 분류되었고, 이런 정도에서 성조가 운소의 지위를 가진 언어였다고 할 수 있다.

2.2. 동북방언의 성조체계

동북방언은 일부 지역을 제외하고는 성조를 운소로 가지는 성조언어이다. 성조 지역의 경우 대부분 저조(L)와 고조(H)의 2성조-2성조형 체계를 가지고 있으나, 상승조(R)와 상승조형까지 가진 하위 방언도 있다. 전자는 중세국어의 상승조형에 대응하는 성조형, 즉 '말(語)'-류 성조형이 고조형에 대응하는 성조형('말(斗)'-류 성조형)에 합류된 상태이다.[57]

동북방언의 '말(馬)'-류 성조형은 중세국어처럼 저조(L)로 시작하기 때문에 '저조형'으로 부를 수 있다. 중세국어와 마찬가지로 이 성조형은 저조로만 이루어진 형과 고조로의 '음고 오름이 있는 형'의 두 하위 유형이 있다. '밭(田){L}, 집(家){L}, 바름(風){LL}, 바꿉(蹄){LL}, 보리(麥){LL}, 늦-(晩){L}, 먹-{L}, 무겁-{LL}, 아깝-{LL}' 등은 저조로만 이루어진 형태들이고, '가시(荊){LH}, 하늘{LH}, 가마기(烏){LLH}, 메누리{LHX}, 맡기-{LH}, 저물-(暮){LH}, 두디리-(鼓){LHX}, 기달구-(待){LLH}' 등은 '음고 오름이 있는 저조형' 형태들이다. 저조로만 이루어진 체언이나 어간에 고조형 문법 형태소가 결합

---

57 이러한 판단은 '2음고-2성조형 체계'의 '말(斗)'-류에 중세국어의 '말(斗)'-류와 '말(語)'-류에 해당하는 두 부류가 포함되어 있다는 점과 '말(語)~말(馬)'류에서 변한 '말(斗)'-류가 합류 이전의 활용 패러다임을 보인다는 점을 근거로 하는데, 이 점에 대해서는 아래에서 다시 거론하기로 한다.

하면 '음고 오름이 있는 저조형' 어절이 형성된다. 중세국어와 마찬가지로 이 부류는 몇 번째 음절에서 음고 오름이 일어나는가 하는 점이 하위 유형을 결정하는 중요한 정보가 된다.

이 방언에서 '바름, 보리'나 '말바꿈, 보리밭' 등과 같이 저조로만 이루어진 2음절 이상 단어는 뒤에 고조형 조사가 결합할 때는 그대로 저조형으로 실현되지만(11, ㄱ), 단독으로 하나의 어절을 형성할 때는 마지막 음절이 고조로 실현된다(11, ㄴ).

(11) ㄱ) 바름이(風)[LLH](←바름{LL}+이{H}),　보리르[LLH](←보리{LL}+르{H})

ㄴ) 바름[LH](←바름{LL}), 보리[LH](←보리{LL}, 말바꿈[LLH](←말{L}+바꿈{LL}), 보리밭[LLH](←보리{LL}+밭{L})

(11)은 이 방언에, 저조로만 이루어진 어절의 마지막 음절을 고조로 실현시킴으로써, 결국 2음절 이상 어절은 반드시 하나의 고조를 가지도록 음고를 조정하는, 성조형 실현 규칙이 존재함을 의미한다.[58]

(12) $/L^n/\rightarrow[L^{n-1}H]/\#\_\_\_\_\_\#$

(저로로만 이루어진 어절은 마지막 음절은 고조로, 나머지 음절은 저조로 실현된다.)

아울러, '음고 오름이 있는 저조형' 어절에서 첫 고조 다음의 음절들은 모두 저조로만 실현된다.

---

[58] 이 규칙의 적용을 받은 부류는 마지막 음절이 고조로 실현됨에도 불구하고, '가시{LH}'처럼 형태소 성조형이 고조를 가진 부류와는 구별된다. '바름이(風)[LLH]'와는 달리, '가시'에 목적격 조사가 결합하면 '가시르[LHL]'(←가시{LH}+르{H})가 된다.

(13) ㄱ) 메누리[LHL](←{LHX}), 메누리르[LHLL](←메누리{LHX}+르
{H}), 메누리부터[LHLLL](←메누리{LHX}+부터{LH})

ㄴ) 가시부터[LHLL](가시{LH}+부터{LH}), 두디리구[LHLL](←두
디리-(鼓){LHX}+-구{H})

(13)을 통해, 이 방언에 한 어절 내에서 첫 고조 다음의 모든 음절을 저조
로 실현시키는, 다음과 같은 성조형 실현 규칙이 존재함을 알 수 있다.

(14) /L_1HX_0/→[L_1HL_0]/#_____#

(한 어절 안에서 첫 고조 다음의 모든 음절은 저조로 실현된다.)

(14)는 동북방언에서 '음고 오름이 있는 저조형'의 첫 고조 뒤 음절들은
모두 저조로 실현됨을 나타낸다. 이 규칙의 존재를 인정하면, '메누리
[LHL]'의 형태소 성조형은 {LHX}으로, '메누리부터'와 '두디리고'의 어절
성조형은 각각 /LHX^3/과 /LHX^2/로 표기할 수 있다. (14)에 의해 자동적으
로 결정되는 음고는 어절 성조형에 표시할 필요가 없기 때문이다.

동북방언의 '말(斗)'-류 성조형은 중세국어처럼 고조(H)로 시작하기 때
문에 '고조형'으로 부를 수 있다. 대부분의 하위 방언에서, 이 부류에는 중
세국어의 '말(斗)'-류에 대응하는 부류뿐 아니라 '말(語)'-류에 대응하는 부류
도 포함된다. 아래 (15)의 ㄱ), ㄴ)은 이 방언에서 고조형을 가진 부류로, 각
각 중세국어의 '말(斗)'-류와 '말(語)'-류에 대응하는 단어와 어절들의 표면
성조형이다.

(15) ㄱ) 말(斗)[H], 물(水)[H], 봄(春)[H], 풀(草)[H], 구름[HL], 눈물[HL],
물새[HL], 외아들[HLL], 봄부터[HLL], 구름부터[HLLL], 그름
보다(畵)[HLLL], 무지개부터[HLLLL] // 써두(書)[HL], 칩구(寒)

[HL], 타디(乘) [HL], 가물구(旱)[HLL], 들어서(入)[HLL], 쓰더
라(書) [HLL], 파다가(掘)[HLL], 드물어두(稀)[HLLL], 칩수꾸마
(寒)[HLLL]

ㄴ) 감(柿)[H], 말(語)[H], 별(星)[H], 도끼(斧)[HL], 사람[HL], 도끼
르(斧)[HLL], 거마리(蛭)[HLL], 사마기(痣)[HLL], 거마리르(蛭)
[HLLL], 도끼부터//곱고(麗)[HL], 얻어서(得)[HLL], 좋아두[HLL],
더럽아두(汚)[HLLL], 모즈라더라(乏)[HLLL]

(15)에서 보듯이, 이 부류의 단음절어는 [H], 2음절어는 [HL], 3음절어
이상은 [HL₂]로 실현되며, 이 부류를 선행 성분으로 하여 형성되는 어절의
성조형도 모두 [HL₁]이 된다. 이것은 동북방언에서 첫음절이 고조인 어절
의 둘째 이하 음절은 표면 성조형의 결정에 관여하지 않음을 의미한다. 따
라서 이 방언에서 '말(斗)'-류 성조형을 가지는 부류의 형태소 성조형과 어
절 성조형은 첫음절이 고조임과 음절수만을 밝혀 'HX₀'로 표기하고, 그 표
면 성조형은 다음과 같은 음고 배정을 내용으로 하는, 성조형 실현 규칙의
적용을 받은 결과로 기술할 수 있다.[59]

(16) /HX₀/→[HL₀]/#_____#
(고조로 시작하는 어절은 첫음절은 고조, 둘째 이하 음절은 저조로
실현된다.)

그런데 학성, 길주, 단천 등 동북방언의 일부 하위 지역어에는 '말(語)'-류
성조형이 따로 한 부류를 유지하고 있는데, 이들 방언에서 '말(語)'-류는 첫

---

[59] 중세국어의 경우와 마찬가지로, 동북방언의 (14)와 (16)은 '한 어절 내에서 첫 고조 다
음의 모든 음절은 저조로 실현된다.'는 점에서 같은 내용을 가진 규칙이다.

음절은 상승조, 둘째 이하 음절은 모두 저조인 [RL₀]로 실현된다.

(17) 벨이(星)[RL], 도끼가[RLL], 기지개(伸)[RLL], 사마기(痣)[RLL], 가래
부터(痰)[RLLL], 말보다가(語)[RLLL], 곰구(麗)[RL], 작지비(小)[RLL]

따라서 이 방언들의 '말(語)-류 성조형은 '상승조로 시작하는 성조형'이
라는 뜻으로 'RX₀'로 나타내고 둘째 이하 음절의 성조는 다음과 같은 성조
형 실현 규칙에 의해 결정되는 것으로 기술할 수 있다.

(18) /RX₀/→[RL₀]/#_____#
(상승조로 시작하는 어절은 첫음절은 상승조, 둘째 이하 음절은 저
조로 실현된다.)

동북방언에도 중세국어와 같이 두 유형의 성조론적 복수 기저형 어간
이 존재한다.[60] 하나는 '자구[LH], 자면[LH]~자아두[HLL], 자다가[HLL]'
와 같이, 어미에 따라 저조형(나, '말(馬)-류 성조형)이 되기도 하고 고조형(라,
'말(斗)-류 성조형)이 되기도 하는 어간이고, 다른 하나는 '덥다[HL], 덥습데
[HLL]~덥어서[LHL], 덥으믄[LHL]'처럼, 고조형(라, '말(斗)-류 성조형)이 되
기도 하고 저조형(나, '말(馬)-류 성조형)이 되기도 하는 어간이다. 이 중에서
'덥-'류는 '말(語)-류 성조형이 상승조형으로 존재하는 길주방언 등에서는
'상승조형~저조형'을 가진다. 즉, 이 부류의 성조론적 활용 체계에는 길주
방언 등의 첫음절 상승조가 다른 지역에서 고조로 바뀌었음에도 불구하
고 이전의 성격이 남아 있다. 이러한 사실은 2음고-2성조형 체계를 가진
대부분의 동북방언도 이전에는 3음고-3성조형 체계를 가졌다가 통시적

---

60 이 부류에 속하는 어간의 종류나 분포 환경 등은 중세국어와 대체로 일치한다.

52

으로 상승조의 고조화에 기인하는 '체계 단순화' 과정을 겪었음을 말해 주는 것이라 할 수 있다. 하나의 성조형만을 가지는 '곱-'류와 복수 기저형 어간인 '덥-'류의 활용 양상을 비교해 보면 이러한 관계가 잘 드러난다.

(19)

길주		자음 어미 앞	모음 어미 앞
	곱-	곱고[RL], 곱거든[RLL]	곱아서[RLL], 곱으믄[RLL]
	덥-	덥다[RL], 덥습데[RLL]	덥어서[LHL], 덥으믄[LHL]

⇩ ← R 〉 H

나머지		자음 어미 앞	모음 어미 앞
	곱-	곱고[HL], 곱거든[HLL]	곱아서[HLL], 곱으믄[HLL]
	덥-	덥다[HL], 덥습데[HLL]	덥어서[LHL], 덥으믄[LHL]

동북방언에도 중세국어와 같이 음고 오름을 가진 저조형, 그리고 고조형 뒤에서 일어나는 성조형 중화와 다른 성조형을 저조형('말(馬)'-형)으로 바꾸는, 세 가지 성조형 변동이 그대로 나타난다. 그런데 중세국어는 물론이고 현대의 다른 성조방언과 비교할 때, 동북방언의 저조형 되기 변동은 그 적용 대상이 현저하게 확대되고 있다는 점이 특징이다. 먼저, 역행동화에 의한 저조형('말(馬)'-류 성조형) 되기는 중세국어나 다른 방언에 비해 더 많은 수의 합성명사가 변동의 대상이 될 뿐 아니라, '용언 어간+어미'로 이루어지는 어절에서도 일어난다(칩-{H}+-엇-{H}+-길래{LH}→칩엇길래[LLLH][61]). 그뿐만 아니라, 저조형 앞이 아닌 고조형 앞에서 저조형되기를 겪는 합성명사도 많이 발견된다(밤{H}+알{H}→밤알[LH], 풀{H}+잎{H}→풀잎[LH]). 조사 '에' 앞에서 나타나는 저조형 되기도 그 적용 대상이 현저하게 확대된 모습을 보

---

61 박진혁(2014: 99)의 자료인데, 표면 음고형의 도출 과정은 생략한다.

여 준다. 중세국어와는 달리 '말(斗)-류 1음절 명사는 대부분 이 변동에 참여할 뿐 아니라, '벌(蜂), 범(虎), 벨(星), 뱅(病), 섬(島), 새(鳥)'과 같이 '말(語)-류 〉말(斗)-류'의 변화를 겪은 1음절 명사와 '아들{LH}'이나 '드르{LH}' 같은, 음고 오름을 가진 저조형 2음절 명사도 이 변동에 참여한다. 아울러, '에' 외에 '게/게셔, 께/께셔'와 같은 조사 앞에서도 '저조형 형되기'가 일어난다는 보고도 있다.[62]

2.3. 동남방언의 성조체계

동남방언은 중세국어와 같이 3음고-3성조형 체계를 가지고 있다. 음고는 대부분의 경남방언이 고조(H)와 저조(L), 최저조(Γ)를, 경북방언과 일부 경남방언은 고조(H)와 저조(L), 상승조(R)를 가지고 있다. 경북방언의 상승조는 '상승'이라는 움직임(movement)을 가진 굴곡조이고 경남방언의 최저조는 수평조이지만, 둘 다 중세국어의 상승조나 음장방언의 장음과 같이 어두 음절에서만 실현된다.[63] 따라서 성조형별로 보면, 고조형과 저조형은 동남방언 전체에 공통적으로 나타나며 최저조형과 상승조형은 각각 경남방언과 경북방언에만 나타난다.

동남방언의 성조체계가 중세국어 및 동북방언의 그것과 가장 다른 점은 '말(馬)-류 성조형이 고조로 시작하는 형, 즉 '고조형'이고, '말(斗)-류 성조형이 저조로 시작하는 형, 즉 '저조형'이라는 점이다. 고저 관계로만 보

---

62 동북방언의 저조형 되기 변동의 현저한 확대 경향에 대해서는 Ramsey(1978: 136-142, 168), 곽충구(1994: 371-378), 김차균(1998: 493, 1999ㄴ: 89 등) 등을 참고할 수 있다.

63 이문규(2019)의 3장 참조. 이에 반해, 성조방언에서 음장방언의 장음에 대응하지 않는 비어두 굴곡조가 존재한다고 보는 연구도 있다. 임석규(2019)가 대표적인데, 이 연구에서는 성조방언에서 저조 뒤에 비어두 상승조나 하강조가 오는 성조형, 즉 LRH(그래:도), LFL(바래:고), LLR(만두소:), LLF(아랫마:) 등이 가능하다고 본다.

면 동남방언의 성조체계와 중세국어 및 동북방언의 성조체계가 역전적으로 대응하고 있는 셈이다.

동남방언의 '말(馬)-류 성조형, 즉 '고조형'에는 고조로만 이루어진 것과 고조 뒤에 하나 이상의 저조가 붙은 것, 즉 고조에서 저조로의 '음고 내림(pitch dropping)'이 있는 것의 두 유형이 있다. '꽃(花){H}, 말(馬){H}, 밭{H}, 산{H}, 집{H}, 바람(風){HH}, 사다리{HHH}, 늦-{H}, 먹-{H}, 고프-{HH}, 무겁-{HH}, 아깝-{HH}' 등은 고조로만 이루어진 성조형을 가진 형태들이고, '고기{HL}, 하늘{HL}, 가시개{HHL}, 미느리(婦){HLL}, 맡기-{HL}, 저물-(昏){HL}, 뚜디리-(鼓){HHL}, 자빠지-(倒){HLL}' 등은 고조 뒤에 저조가 붙은 형, 즉 '음고 내림이 있는 고조형'이다. 고조로만 이루어진 형태에 저조형 문법 형태소가 결합하면 음고 내림이 있는 고조형 어절이 형성된다. 음고 내림이 있는 고조형 내에서는 몇 번째 음절에서 음고 내림이 시작되는가 하는 점이 중요한 정보가 된다. '고기{HL}'와 '맡기-{HL}'는 첫음절, '가시개{HHL}'와 '뚜디리-{HHL}'는 둘째 음절이 음고 내림이 시작되는 위치이다. 이 부류는 중세국어와 동북방언에서의 '음고 오름이 있는 저조형'과 대응하는데, 오르내림의 방향은 서로 반대이지만 그 위치는 같다. 예를 들어, 경북방언의 '꽃이/HL/'는 첫음절에서 음고 내림이 일어나는 반면, 중세국어의 '고지/LH/'는 같은 위치에서 음고 오름이 일어나고, 경북방언의 '마암이(心)/HHL/([LHL])'는 둘째 음절에서 음고 내림이 일어나는 반면, 중세국어의 '무수미/LLH/'는 같은 위치에서 음고 오름이 일어난다.

'음고 내림이 있는 고조형'에서 저조 음절 뒤에 다시 고조가 나타나는 경우, 즉 음고 내림 뒤에 다시 음고 오름이 일어나는 경우는 없다. 즉, 단일어에도 [HLH], [HLLH], [HLHH], [HLHL] 같은 성조형은 존재하지 않을 뿐 아니라, '고기부터[HLLL](←고기{HL}+부터{HL})'나 '다리꺼정이라도[LLHLLLL](←다리{HH}+꺼정(까지){HL}+이라도{LX²})'에서 보듯이, 음고 내림이 있는 고조형 뒤에 결합하는 성조형들은 모두 저조로만 실현된다. 이것은 한 어절 내에서 음고 내림 뒤 음절의 음고는 표면 성조형 결정에 관여하지 않음을 의미하는데, 이런 음절은 음고가 명세될 필요가 없다는 의미에서 'X'로 표시할 수 있다. 예를 들어, '고기부터'의 어절 성조형은 /HLX²/(첫음절에서 음고 내림이 시작되는 4음절 고조형), '꽃집에서부터[LHLLLL]'(←꽃{H}+집{H}+에서{LL}+부터{HL})의 어절 성조형은 /H²LX³/(둘째 음절에서 음고 내림이 시작되는 6음절 고조형)으로 표기할 수 있다.

　　동남방언의 '고조형('말(馬)'-류 성조형)'에서 고조가 둘 이상 연속할 때에는 마지막 고조를 제외한 나머지는 모두 저조로 실현된다. 예를 들어, '꽃집/HH/'(←꽃{H}+집{H})은 [LH]으로, '잡더라/HHL/'(←잡-{H}+-더-{H}+라{L})는 [LHL]로, '그꽃집앞에/HHHHL/'(←그{H}+꽃{H}+집{H}+앞{H}+에{L})는 [LLLHL]로 실현된다.[64] 이 현상은 고조형의 실현 단계에 다음과 같은 음고 조정을 내용으로 하는, 성조형 실현 규칙에 의한 것으로 설명된다.

　　(20) /Hⁿ/→[Lⁿ⁻¹H]/#＿＿＿#, /HⁿLX₀/→[Lⁿ⁻¹HL₁]/#＿＿＿#
　　　　(한 어절 내의 고조 연쇄는 마지막 음절만 고조로, 나머지는 저조로
　　　　실현된다.)

　　동남방언의 '말(斗)'-류는 단음절어 [L], 2음절어 [LL] 혹은 [HH],[65] 3음절

---

64 경남방언의 경우, 고조 연속체의 표면 성조형은 첫음절 저조와 마지막 고조 사이의 음고가 경북방언에 비해 높은 음역에서 실현되는 경향을 보인다. 예를 들면, 경남방언에서는 '그집앞/HHH/(←그{H}+집{H}+앞{H}'은 [LHH]에 가깝게, '그꽃집앞에/HHHHL/'(←그{H}+꽃{H}+집{H}+앞{H}+에{L})는 [LHHHL]에 가깝게 실현된다. (여기서 '가깝게'라고 한 것은 첫음절 저조와 마지막 고조 사이의 음고는 저조에서 고조로 높아가는 모습을 보이기 때문에 완전한 고조로 보기도 어렵기 때문이다.) 그러나 이 성조형의 변별성은 첫음절이 저조라는 점과 음고 내림이 일어나는 위치가 어디인가 하는 데서 확보된다는 점, 그리고 이 두 가지 정보에 관한 한 경남북이 다르지 않다는 점을 고려하면 이러한 표면 음고상의 차이를 비중 있게 다룰 필요는 없다.

65 동남방언의 '말(斗)'-류 2음절어는 화용론적 맥락에 따라 [LL]이나 [HH]로 실현된다.

이상은 [HHL]로 실현되는데, 이들의 어절 성조형은 '저조형(/LX₀/)'이다. 다음 (21)의 ㄱ)은 명사 단독형과 '명사+조사'로 이루어진 어절의 보기이고, ㄴ)은 용언 활용형의 보기이다.

(21) ㄱ) 말(斗)[L], 풀[L], 물새[LL], 젖소[LL], 무지개[HHL], 물놀이[HHL], 서까래[HHL], 시어른[HHL], 구름모자[HHLL], 북두칠성[HHLL], 쌀밥이라고(쌀밥이라고)[HHLLL], 오래비하고[HHLLL]

ㄴ) 간다(去)[LL], 끄고(消)[LL], 달었다(縣)[HHL], 드무고(稀)[HHL], 바랜다(望)[HHL], 칩으마(추우면)[HHL], 질기드라(즐기더라)[HHLL], 주든데요[HHLL], 짧십디더(짧습디다)[HHLL], 치민없다(체면 없다) [HHLL], 어지럽어서[HHLLL], 잤는갑드라(잤는가 보더라)[HHLLL]

　표면적으로 차이가 있어 보이는 [L], [LL]과 [HHL]를 하나의 부류로 묶고, 이들이 모두 어절 성조형 /LX₀/을 가지는 것으로 기술하는 것은 성조형 결합 및 실현 과정에서 나타나는 이들의 동질성 및 방언 간 대응 관계 등을 근거로 한 것이다. 먼저, 이들을 하나의 부류로 묶을 수 있는 것은 표면 성조형 [L], [LL], [HHL]이 음절수에 의해서 자동적으로 결정되는 양상을 보이기 때문이다. 이 부류에 속하는 명사 '물'로 시작하는 어절들이, '물{L}[L]', '물이[LL]~[HH]←(물{L}+이{L}), 물부터[HHL](←물{L}+부터{HL}), 물새[LL]~[HH](←물{L}+새{R}), 물장난[HHL](←물{L}+장난{LL}), 물장난부터[HHLLL](←물{L}+장난{LL}+부터{HL})' 등으로 실현되는 양상을 통해

([HH]는 초점 위치에서 나타난다.) [LL]과 [HH]은 음고 차원의 소릿값으로 보면 정반대인 것 같지만, 이 두 형은 대립 관계에 있지 않다. 이 성조형은 두 음절이 같은 음고로 실현된다는 점에서 [LH]나 [HL], [RH/⌈H]과 변별된다. 예) 구름[LL]/[HH], 하늘[HL], 바람[LH], 사람[RH/⌈H]

이러한 사실을 확인할 수 있다. 이것은 첫음절이 저조라는 점과 전체 음절 수만 알면 이 부류의 표면 성조형을 예측할 수 있다는 것, 둘째 이하 음절의 음고는 표면 성조형의 실현에 아무런 변수가 되지 못한다는 것을 의미한다. 예를 들어 '물장난부터'의 표면 성조형 '[HHLLL]'은 '말(斗)-류에 속하는 5음절 어절이라는 정보에 의해서 자동적으로 결정된다는 것이다. 여기서 3음절 이상인 경우 첫 두 음절이 고조로 실현됨에도 불구하고 이들을 저조형이라고 하는 것은 성조형 결합의 과정에서 이들이 저조형으로 행동하기 때문이다. 예를 들어, '물부터[HHL]'나 '무지개[HHL]' 앞에 '그{H}'가 결합하여 형성되는 어절은 각각 '그 물부터[HLLL]'와 '그 무지개[HLLL]'로 실현되는데, 이것은 '물부터[HHL]'나 '무지개[HHL]'의 기저 성조형이 저조형이 아니라면 나타나기 어려운 현상이다.[66] 따라서 이 성조형은 형태소 성조형이나 어절 성조형 단계에서는 첫음절이 저조라는 점과 전체 음절수만 밝혀, 1음절어는 'L', 2음절어는 'LX', 3음절어 이상은 'LX₂'로 표기할 수 있다. 아울러, 이 부류의 표면 성조형은 다음과 같은, 음고 배정을 내용으로 하는, 성조형 실현 규칙의 작용에 의한 것으로 기술할 수 있다.

(22) ㄱ) /LX/→[LL]/#_____#

(저조로 시작하는 2음절 어절은 [LL]로 실현된다. 단, 초점 위치에서는 [HH]로 실현된다.)

ㄴ) /LX₂/→[HHL₁]/#_____#

(저조로 시작하는 3음절 이상 어절은 첫 두 음절은 고조로, 나머지는 저조로 실현된다.)

---

66 동남방언에서 '말(斗)-류를 저조형으로 잡는 근거에 대해서는 이문규(2017/2018)의 3 장과 이문규(2019)를 참고할 수 있다.

'말(語)'-류 성조형도 음절수에 따라 일정한 성조형으로만 실현되는데, 경남과 경북이 첫음절 음고가 최저조(Γ)와 상승조(R)로 다르고, 각 방언 내에서도 하위 지역에 따라 차이가 있다. 경북방언의 상승조는 중세국어와 동북방언의 일부 지역에 존재하는 '말(語)'-류 성조형의 첫음절 음고와 같이 상승이라는 '움직임(movement)'을 가진 굴곡조나, 그 상승의 폭이 저조의 영역과 고조의 영역에 걸칠 만큼 넓지 않아서 고장조로 처리되기도 한다. 그러나 굴곡조의 본질적 특성을 상승이나 하강이라고 하는, 음고의 '움직임' 그 자체로 보는 경향을 고려하면, 이 음고를 상승조로 처리하는 것이 이 음고의 본질적 특징에 부합하는 방법이라고 본다. 경남방언의 최저조(Γ)는 이 방언에서 가장 낮은 음역에서 실현되는 음고로, 경남방언의 3단 성조체계를 국어 성조체계의 기본이라고 보는 연구들은 이 음고를 저조(L)로 잡아, 이 방언의 음고 체계를 '말(馬)-H, 말(斗)-M, 말(語)-L' 체계로 기술하기도 한다. 그런데 이 경우, 경북방언과 강원 영동방언은 '꽃-H, 풀-M, 별-R'로, 저조가 없는 체계처럼 보일 우려가 있다. 이런 점을 고려하여 경남방언에서도 '말(馬)'과 '말(斗)'을 경북방언과 같이 각각 'H'와 'L'로 보고, '말(語)'에 대해서는, 중세국어의 상승조에 대응하는 음고가 이 방언에서는 특별한 소릿값을 가지는 쪽으로 변한 것으로 보아서, '최저조'나 '특저조' 등으로 기술하기도 하는데, 여기서는 이 관점을 따른다.

경남방언 중에서, 부산, 김해, 창원 등 동남부 지역에서는 '말(語)'-류가 1음절어 [Γ]로, 2음절어 [ΓH], 3음절어 이상 [ΓHHL₀]로 실현된다. 다음은 창원방언의 자료이다(이문규 2017/2018: 164).

(23) 말(語)[Γ], 디(後)[Γ], 널(板)[Γ], 기짝(궤짝)[ΓH], 도치(斧)[ΓH], 돌산[ΓH], 반달[ΓH], 거무리(蛭)[ΓHH], 고구매[ΓHH], 굼비이 [ΓHH], 지지개(胚)[ΓHH], 고구매싹[ΓHHL], 대추나무[ΓHHL], 사마구새끼[ΓHHLL]

따라서 이들 방언에서 '말(語)'-류의 어절 성조형도 그 첫음절 음고만 밝혀서 /ΓX₀/로 설정하고, 2음절어와 3음절 이상 어절의 표면 성조형 실현에는 다음과 같은 규칙이 관여하는 것으로 기술할 수 있다.

(24) ㄱ) /ΓX/→[ΓH] / #____#

(최저조로 시작하는 2음절 어절은 [ΓH]로 실현된다.)

ㄴ) /ΓX₂/→[ΓHHL₀] / #____#

(최저조로 시작하는 3음절 이상 어절은 첫음절은 최저조, 둘째, 셋째 음절은 고조, 나머지 음절은 모두 저조로 실현된다.)

그런데 이 성조형이 진주방언을 비롯한 서남부 경남방언의 3음절 이상 어절에서는 셋째 음절부터 저조인 표면 성조형, 즉 [ΓHL₁]로 실현되거나 아예 '말(馬)'-류 성조형과 같은 [LHL₁]로 실현된다. 예를 들어, '말(語)'-류 4음절어인 '대추나무'는 동남부 경남방언에서는 [ΓHHL]로, 서남부 경남 방언에서는 [ΓHLL] 혹은 [LHLL]로 실현된다. 여기서 [ΓHLL]은 동남부 지역과 비교할 때 셋째 음절부터 저조로 실현된다는 점이 차이가 있으나 성조형 부류는 최저조형을 유지하고 있다. 그러나 [LHLL]은 '둘째 음절에서 음고 내림이 일어나는 고조형'('말(馬)'-형)의 표면 성조형과 같아졌다는 점에서 상당히 큰 변화를 겪은 결과로 볼 수 있다. 이 경우, 3음절 이상 어절의 '말(語)'-류 성조형이 이 방언에서는 '말(馬)'-류의 한 하위 부류로 합류된 것으로 해석될 수 있기 때문이다. 이러한 상황을 고려할 때, '말(語)'-류 성조형에 관한 한, 경남방언 안에서는 서남부 경남방언 쪽이 역사적으로 더 큰 변화를 입은 것으로 볼 수 있다.[67]

---

[67] 서남부 경남방언 '말(語)'-류 성조형의 특징은 이미 김차균(1980: 66-68)에서 지적되었고, 김차균(2002: 66-68, 2011: 19 등)을 통해 지속적으로 거론되었다. 이 앞선 연구에 의하면, [LHL₁] 형은 진주를 중심으로 고성, 사천, 통영, 거제 등 서남부 경남방언의 '낮은

대구, 안동 등 경북의 내륙 지역에서는 '말(語)'-류가 1음절어는 [R], 2음절어는 [RH], 3음절어 이상은 [RHL]로 실현된다. 그런데 같은 부류의 성조형이 영덕, 울진 등 동해안 방언에서는 제2 음절 이하가 모두 저조인 [RL₀]로 실현되는데, 3-성조형 체계를 가진 일부 동북방언의 '말(語)'-류 성조형과 같다는 점이 특이하다. 예를 들어, '대추나무'는 경북 내륙 지역에서는 [RHLL]로 실현되는 데 반해, 동해안 지역에서는 [RLLL]로 실현된다. 이와 같은, 경북방언 내의 지역에 따른 '말(語)'-류 성조형의 표면 성조형 차이는 이 성조형의 변화 방향의 차이를 초래한다는 점에서, 통시 차원의 의미도 지닌다. 즉, 경북방언도 음장방언에서 나타나는 음장의 비음운화에 비례하는, '말(語)'-류 성조형의 변화를 겪고 있는데, 그 양상은 내륙 지역 방언에서는 '[RHLL]('말(語)'-류) 〉 [HHLL]('말(斗)'-류)'로, 동해안 지역 방언에서는 '[RLLL]('말(語)'-류) 〉 [HLLL]('말(馬)'-류)'로 달리 나타난다. 이 경우는 표면 성조형의 차이가 성조형 변화의 방향을 결정한 셈이다.[68]

동남방언에도 둘 이상의 성조형을 가지는 복수 기저형 어간이 있는데, 그 형태 부류는 중세국어와 대체로 같으나 세부적으로 차이가 나는 것도 있다. 예를 들어, '보-'는 중세국어에서 '말(馬)~말(斗)'-류에 속했던 어간인데, '보고/HL/[HL]~봅니더/LX²/[HHL]~볼란다/RX³/[RHL](대구)'에서 보듯이, 동남방언에서는 '말(語)'-류 성조형까지 가진다. 모음으로 끝나는 단음절 어간들 중 많은 수는 이처럼 그 활용형에 세 성조형이 다 나타나는 복수 기저형 어간이다. 중세국어에서 '상승조형('말(語)'-류)~저조형('말(馬)'-류)'

연령층' 화자들로 갈수록 자주 나타나며(김차균 2002: 68), 특히 진주방언에서는 70세 이하의 화자들에서는 [ΓHL]은 나타나지 않고[LHL]만 나타난다(김차균 2011: 19).
68 상승조를 가진 경북방언도 음장방언의 음장 소멸에 비례하는 변화를 겪고 있다는 점이 김차균(1994) 등을 통해 보고되어 왔다. 이 논문에서는 당시 대구방언의 20대 화자의 발음에서 이와 같은 변화를 확인하고 이를 3성조형 체계에서 2성조형 체계로의 변화로 해석하였다. 최근 연구 중에는 Hyun-ju Kim(2018)에서 경북방언의 젊은 층 화자들의 발음에서 장음이 거의 단음화했음을 보고 한 바 있다.

을 가지는, 복수 기저형 어간의 다른 한 부류인 '알-'류는 동남방언에서는 대응 관계에 맞게 '상승조형('말(語)'-류)~고조형('말(馬)'-류)'으로 실현된다.

동남방언의 어절 성조형 형성 과정에서 일어나는 성조형 변동은 중세국어나 동북방언과 대체로 일치한다. 먼저, 성조형 중화는 음고 내림을 가진 고조형('말(馬)'-류)과 저조형('말(斗)'-류), 상승조형('말(語)'-류) 뒤에서 일어나는데, 성조형 부류 차원에서 보면 그 환경이 중세국어나 3-성조형 체계를 가진 동북방언과 같다.

> (25) ㄱ) 고기전[HLL](←고기{HL}+전(煎){R}), 보름달[HLL](←보름{HL}
> +달{L}), 어름집[HLL](←어름{HL}+집{H})
>
> ㄴ) 물기신[HHL](←물{L}+기신(鬼){RX}), 물비누[HHL](←물{L}+
> 비누{HL}), 물장난[HHL](←물{L}+장난{L²})
>
> ㄷ) 감농사[RHL](←감{R}+농사{HL}), 눈사람[RHL](←눈{R}+사람
> {RX}), 돈걱정[RHL](←돈{R}+걱정{HX}), 돌복숭[RHL](←돌{R}+
> 복숭(桃){H²})

(25)의 ㄱ)은 {HL}형 뒤에 {R}, {L}, {H}가 결합하여 형성된 성조 어절의 표면 성조형이 모두 [HLL]이라는 것을 보여 주는데, 이것은 {HL}형(첫음절에서 음고 내림이 있는 고조형) 뒤에서 성조형 중화가 일어난 결과로 설명된다. 마찬가지로, ㄴ)은 {L}형(저조형)을 선행 성분으로 하여 형성된 3음절어가 모두 [HHL]로 실현된다는 점을, ㄷ)은 {R}형(상승조형)을 선행 성분으로 하는 3음절어가 모두 [RHL]로 실현된다는 점을 보여주는데, 이들은 각각 {L}형과 {R}형 뒤에서 성조형 중화가 일어나기 때문에 가능한 현상이다.

중세국어와 동북방언의 '저조형 되기' 변동은 동남방언에서는 모두 '고조형 되기'로 나타나는데, 이들을 형태 부류 차원에서 보면 모두 '말(馬)'-류 성조형 되기라는 점에서 중세국어나 동북방언의 경우와 같은 변동이다.

'발등/HH/[LH](←발{L}+등{H})'과 같은 역행동화에 의한 고조형 되기, '눈에/HL/[HL](←눈(目){L}+에{L})'와 같은 조사 '에' 앞의 고조형 되기, '숨구우고/HHLL/[LHLL](숨기고)(←숨-(隱){L}+-구우-{HL})'와 같은 사·피동 접사 앞 고조형 되기가 그들인데, 셋 모두 동북방언만큼은 아니지만 중세국어에 비해서는 그 영역이 넓어진 상태이다.

2.4. 강원 영동방언의 성조체계

강원도의 강릉, 삼척, 영월방언은 성조방언으로, 정선, 평창, 양양, 고성 방언 등은 '준성조 방언' 혹은 '전이 방언'으로 분류된다.[69] 그런데 성조방언으로 분류되는 하위 방언들도 성조형이 부분적으로 합류되거나, 하나의 성조형이 둘 이상의 표면 성조형으로 실현되는 등의 변화가 일어나고 있다.

강릉, 삼척방언을 중심으로 볼 때, 강원 영동방언은 기본적으로 '말(馬)-고조, 말(斗)-저조, 말(語)-상승조'인 3성조-3성조형 체계를 바탕으로 하고 있다는 점에서 동남방언과 같다. 그러나 성조형이 실현되는 양상에는 일부 차이가 나타나고, 하나의 성조형이 둘 이상의 표면 성조형으로 실현되는 양상을 보이는 경우도 있다는 점에서 성조사적 위상은 다소 차이가 있다.

강원 영동방언의 '말(馬)-류 성조형은 동남방언과 같은 고조형으로, 고조로만 이루어진 형과 고조 뒤에 하나 이상의 저조가 붙은 형, 즉 고조에서 저조로의 '음고 내림'이 있는 형 등 두 하위 유형이 있다. 그런데 삼척방언을 제외한 나머지 방언들에서는 /HL^n/-형, 즉 첫 두 음절 이상이 고조이면

---

69 방언연구회(2001: 31) 참고. 이에 반해, 정선방언은 강릉방언과 같은 정도의 성조방언으로 보고, 평창방언은 비성조화의 진행이 더 많이 이루어졌으나 여전히 성조방언이라고 보는 연구도 있다(최영미 2010, 2015 참고).

서 하나 이상의 저조를 가진 어절 성조형의 셋째 이하 음절의 음고가 임의 적으로 실현되는 양상을 보인다.[70]

> (26) 다리미질[LHLL]~[LHHL]~[LHHH], 미꼬라지(鰍)[LHHL]~ [LHHH]~[LHLL], 나무다리[LHHH]~[LHHL]~[LHLL]

이것은 첫 두 음절을 제외한 나머지 음절의 성조형 실현 규칙이 임의화 된 상태, 즉 이 성조형에 적용되어야 할 음고 배정 및 조정 규칙이 무력화 된 상태라고 할 수 있다.[71] 즉, 하나의 성조형으로만 실현되던 어절이 둘 이상의 자유 변이형으로 실현되는 상태가 된 셈인데, 이것은 성조형의 변 별력이 그만큼 약화되었음을 의미한다. 이것은 일부 성조형에 국한된 것 이긴 하지만, 이 방언이 앞의 중세국어 성조의 변화에서 살폈던 성조형 실 현 규칙의 임의화를 겪고 있으며, 이 정도로 성조의 비음운화가 진행되고 있는 것으로 해석할 수 있다.

이 방언의 '말(斗)-류 성조형도 현저한 변화를 겪은 상태이다. 동남방언 의 그것과 비교할 때, 이 부류의 성조형은 독립된 성조형으로서의 위상을 상당한 정도로 상실하였기 때문이다. 즉, '말(斗)'-류 다음절 어절은 '말(馬)'- 류 성조형(고조형) 중 '둘째 음절에서 음고 내림이 일어나는 형'과 똑같은 표 면형으로 실현된다. 예를 들어, '구름{LX}'은 '구름[LH]'으로, '차더라(滿) /LX²/'는 '차더라[LHL]'로 실현되어 '말(馬)-류인 '바람[LH]{HH}'이나 '먹더 라[LHL]{HHL}'와 구별되지 않는다.[72] 이러한 현상은 이 방언에 2음절 이

---

[70] 이러한 현상은 해당 단어나 어절만 따로 발화할 때보다 자연 발화 상황의 문장 속에서 더 자주 나타나서 이 지역 방언 특유의 운율형을 형성한다.

[71] 김차균(2006: 93)에서는 이 현상을 이 부류 성조형의 '자유 변동'으로 규정하였고, 김주 원(2003: 266)에서는 표면 성조형 층위의 음고 변이로 보았다.

[72] 강원 영동방언에서 '말(斗)'-류 어절이 '말(馬)'-류와 같은 표면 성조형으로 실현된다는 점을 발견한 것은 문효근(1972: 42)이며, 이 현상을 성조형의 합류로 해석하고 규칙화

상의 '말(斗)'-류 성조형을 '말(馬)'-류에 합류시키는 다음과 같은 과정이 존재하는 것으로 설명된다.

(27) /LX₁/→/HHL₀/[73]

(2음절 이상의 저조형 어절 성조형은 /HHL₀/로 바뀐다.)

이 규칙은 '말(斗)'-류 1음절어를 첫 성분으로 하는 어절 성조형에 무조건 적용되는 규칙으로 반드시 '말(斗)'-류 어절 성조형 형성 과정에 이어 적용된다. 이 규칙으로 인해, 강원 영동방언에는 표면 성조형 차원에서는 동남방언의 '말(斗)'-형과 같은 표면 성조형([LL], [HHL])이 나타나지 않게 되었다.

그러나 이 방언에 '말(斗)'-류 성조형이 완전히 '말(馬)'-류에 합류한 것은 아니다. 다음과 같은 자료는 이 방언에도 형태소 성조형 차원에서는 아직 '말(斗)'-형(저조형)의 존재가 인정되어야 함을 말해준다.

(28) ㄱ) 풀도[LH](←풀{L}+도{L})　　비교) 말도[HL](←말{馬}{H}+도{L})

　　　 뽑고[LH](←뽑-{L}+고{L})　　비교) 잡고[HL](←잡-{H}+-고{L})

　　ㄴ) 안차[HL](←안{H}+차-{L}(蹴)(삼척)

　　ㄷ) 꿈에[HL](←꿈{L}+에{L})(정선)

　　　 담에[HL](←담{L}(墻)+에{L})(평창)

(28, ㄱ)은 각각 '말(斗)'-류 1음절 명사와 용언 어간이 형성한 어절들이 '말(馬)'-류와는 다른 표면 성조형으로 실현됨을, ㄴ)은 부정사 '안'에 결합한 '말(斗)'-류 어간이 저조로 실현됨을, ㄷ)은 '말(斗)'-류 1음절 명사가 조사 '에' 앞에서 '말(馬)'-류 성조형으로 바뀌는 현상이 존재함을 보여준다.[74]

(27), (28)과 관련된 사실을 종합하면, 이 방언에서 '말(斗)'-류 성조형(저조형)의 존재는 인정되어야 하나, 어절 성조형 차원에서는 이 부류의 성조형이 '말(馬)'-류 성조형(고조형)에 거의 합류된 것으로 볼 수 있다. 이 합류는 강원 영동방언의 성조체계를 동남방언의 그것과 달라지게 한 중요한 변화 중 하나이다.

이 방언의 '말(語)'-류 성조형은 기본적으로 첫음절이 상승조인 성조형('RX₀')이지만, 표면 성조형은 하위 방언에 따라 차이가 있다. 삼척방언의 '말(語)'-성조형은 경북의 동해안 방언들과 같이 [RL₀]로 실현된다. 이에 반해, 강릉방언의 '말(語)'류는 [RL₀]로 실현되기도 하고 경북의 내륙과 같이 [RHL₀]로 실현되기도 한다. 예를 들어, '대추나무'는 강릉 방언에서 [RHLL]나 [RLLL]로 실현된다.

강원 영동방언에도 둘 이상의 성조형을 가지는 복수 성조형 어간이 있는데, 그 형태 부류 및 활용 체계는 동남방언의 그것과 대체로 같다. 아울러, 어절 성조형 형성 과정에서 일어나는 음운 과정도 동남방언의 그것과 대체로 같다.

이상에서 보듯이, 강원 영동방언의 성조체계는 기본적으로 동남방언과 같은 성조체계를 가지고 있으나, 성조형의 합류가 일어나고 하나의 성조형이 임의적으로 둘 이상의 표면 성조형으로 실현되는 현상이 나타나는 모습을 보이고 있다. 따라서 이 방언은 동남방언에 비해 성조형의 변별력이 어느 정도 약화된 상태, 즉 상대적으로 성조의 비음운화가 더 진전된 상

---

74 (27, ㄷ)의 자료와 설명은 최영미(2010:97, 330, 2015:55)에서 가져왔다.

태라고 할 수 있다.

2.5. 중·서부 방언의 음장체계

현대 서울방언을 비롯한 중부방언[75]과 서남방언, 그리고 서북방언 중
무성조·무음장 지역을 제외한 하위 방언들은 장단 대립이 어휘적 변별력
을 발휘하는, 음장체계를 가지는 것으로 기술되어 왔다. 그런데 이들 방언
에서 장음은 운율적 어절의 첫음절에서만 실현될 수 있기 때문에 이 장단
대립은 원칙적으로 형태나 단어의 어두 음절 차원에만 존재한다. 이러한
음장의 분포 조건은 경북방언의 상승조 및 경남방언의 최저조, 그리고 중
세국어의 상승조와 같다는 점에서, 음장의 분포 제약이 최소한 중세국어
까지 거슬러 올라갈 수 있음을 말해 준다.[76]

따라서 음장방언의 모든 형태와 단어는 어두 장음을 가진 '장음형'과 단

---

75 '중부방언'의 개념과 범위는 방언연구회(2001)를 따르는데, 서울, 경기도, 충청남북도,
황해도 재령 이남, 함남 영흥 이남 및 강원도 지역에서 쓰이는 방언 중에서 음장을 운
소로 가지는 지역에 해당한다.

76 이러한 판단은 중세국어의 '부톄([LR])'류나 '갓갑더라[LRLH]'류, '봄놀-[LR]'류, 동남방
언의 'LRH(그래:도), LFL(바래:고)' 같은 부류를 단일 성조형으로 인정하지 않으며, '반
신반의[반:신바:늬/반:신/바:늬], 재삼재사[재:삼재:사]'(표준발음법 제6항) 같은 부류
의 비어두 장음을 운율론적으로는 어두 장음으로 해석하는 관점을 바탕으로 한다. 이
관점의 핵심 논거는 중세국어나 현대국어에 이런 운율형을 가진 단일어가 없다는 점,
즉 이 운율형은 형태소 운율형 차원에는 존재하지 않는다는 점이다. (이와 관련된 논
의는 이문규(2019:3장)로 미룬다.) 이와 달리, 중세국어와 동남방언에서 비어두 상승
조를 가진 성조형을 인정하거나 음장방언에서 비어두 음장을 인정하는 관점도 있다.
예를 들어, 김차균(1998: 356, 1999ㄱ, 2012: 3장 등)에서는 중세국어의 '평상형(/LR-/)'
을, 임석규(2019)에서는 동남방언의 비어두 굴곡조를 인정하고 있다(앞의 각주 63 참
고). 그리고 차재은(2005, 2011)에서는 1930년대 음성 자료 및 〈큰사전〉의 복합어에 나
타나는 비어두 음장이 당대 현실 음장을 반영한 것으로 보고, '강세구'의 첫음절이 아닌
위치에서도 음장이 실현이 가능한 것으로 보았다.

음을 가진 '단음형'으로 나뉜다. 여기서 장음형을 가지는 형태와 단어 부류는 중세국어와 성조방언의 '말(語)'-류와 대체로 일치하며 단음형을 가지는 부류는 '말(馬)'-류와 '말(斗)'-류를 합친 것과 대체로 일치한다.[77] 그리고 '장음형' 형태나 단어가 어절의 둘째 이하 성분이 될 때는 그 어두 장음이 단음으로 바뀌는 현상, 즉 형태 부류로 보면, 장음형이 단음형으로 변동하는 현상은 성조방언의 '말(語)'-형이 다른 성조형 뒤에 결합할 때 겪는 것과 평행적이다(예, 말/고운말, 사람/눈사람, 까치/아침까치). 아울러, 중세국어와 성조방언에서 '말(語)~말(馬)'-형을 가지는 복수 기저형 어간들은 음장방언에서는 '장음형~단음형'의 복수 기저형을 가지며, 사·피동 접사 앞 '말(馬)-형 되기'에 대해서는 '장음형→단음형'의 변동이 나타난다. 예를 들어, 중세국어에서 '말(語)~말(馬)' 복수 기저형 어간이었던 '옮-(移)'은 중부방언에서 '옮다[WV]~옮아[VV]'로 실현된다.[78] 그리고 '옮{W}+기-{V}+어{V}'에 의해 형성되는 어절인 '옮겨'는 단모음화(W→V)를 겪어 [VV]로 실현된다.

   이와 같은 성조체계와의 대응 관계는 이 음장체계가 중세국어의 성조체계로부터의 변화 결과임을 보여주는 근거 중 하나가 된다. 이 통시적 변

---

[77] 여기서 '대체로'라고 한 것은 중세국어에서 '말(語)'-류에 속하지 않았던 단어가 장음형으로 대응하거나, 반대로 '말(語)'-류에 속했던 단어가 단음형으로 대응하는 단어가 있기 때문이다. 예를 들어, '서울(〈셔ᄫᅳᆯ)'이나 '어떠하-(〈엇더ᄒᆞ-)'는 '말(語)-류가 단음형으로 대응하는 예이고, '옮(〈옮ㅎ, 窖)', '그리-(圖)', '숨-(隱)'은 '말(斗)'-류가 장음형으로 대응하는 예이다(남광우 1954, 이상억 1979, 김성렬 1991 참고). 특히, 복수 기저형 어간의 대응 관계에 눈에 띄는 대응 관계의 불일치 현상이 나타나는데, 그 큰 경향은 중세국어에서는 '말(語)~말(馬)' 복수 기저형 부류에 속하지 않았던 어간들이 '장음~단음' 복수 기저형 부류로 대응하는 경향이다. 예를 들어, 중세국어에서는 '말(語)'류에 속했던 '꿰-(貫), 내-(出)', '말(馬)'-류에 속했던 '미-(繫), 비-(孕)', '말(斗)'-류에 속했던 '감-(閉), 숨-(隱), 품-(抱)'등은 음장방언에서 자음 앞에서는 장음형, 모음 어미 앞에서는 단음형으로 실현된다는 점에서(이상억 1979, 권경근 2005, 김성규 2006 등 참고) 복수 기저형 어간으로의 변화를 겪은 것으로 볼 수밖에 없다. 이처럼 대응 관계에 어긋나는 것들은 역사적으로 운소형이 바뀐 사례에 해당하는데, 이들 중에는 음장방언과 성조방언에서 공통적인 양상을 보이는 것들도 있고, 방언에 따라 다른 모습을 보이는 것들도 있다.
[78] 대비의 편의를 위해 장음은 [W]로, 단음은 [V]로 표기한다.

화 과정에 대해서는 뒤에서 다시 언급하겠거니와, 일반적으로 중세국어의 성조가 비음운화되면서 세 성조형 부류 중 어두 음장을 잉여적으로 가지고 있던 '말(語)'-류는 장음형으로, 나머지 두 부류는 단음형으로 바뀐 결과 어두 장단 대립 체계로의 전환이 일어난 것으로 보고 있다.

그런데 중·서부방언의 음장체계는 현대국어 내에서 장단 대립의 약화·소멸로 인해 무음장체계로의 변화를 겪어 왔으며, 특히 서울방언은 이미 이 변화가 완료된 상태로 봐야 한다는 견해가 큰 흐름을 형성하고 있다.[79] 그런데 음장의 비음운화 과정과 관련해서는, 20세기의 중반에 이미 음장의 혼란상을 인식한 논저들이 있다는 점이 주목되는데, 한국어의 장단 대립의 유지 정도가 화자와 단어에 따라 차이가 있다거나(Martin 1951: 522, 1954: 2.4.1.) 몇몇 1음절 한자어 동음어들에 대해, "여기서 모음의 장단의 식별은 일반 언중으로서는 거의 불가능한 것이 되어 가고 있다."(이숭녕 1959: 114)고 지적한 것이 그 보기이다.[80] 이러한 음장 대립의 혼란상은 이후 학계의 많은 '우려'와 관심의 대상이 되었고, 표준 발음법 제정 과정에서도 비중 있게 다루어져 그 주요 내용 항목으로 선정되기도 했으나,[81] 음장의 비음운

---

79 이 판단은 음장의 비음운화 과정 및 정도에 초점을 둔 연구 및 조사 보고서, 그리고 국어학 및 음운론 개론서 등의 기술 내용을 근거로 한 것이다. 서부지역 방언들 중에서 서남방언은 아직 음장체계를 유지하고 있는 것으로 보이며, 충청방언에 대해서도 음장의 변별력이 유지되고 있는 것으로 보는 연구들이 있다(배주채 2011: 94, 이진호 2012: 235~239, Sun-Ah Jun 2020: 4장 등 참고).

80 한편, 이들보다 이른 시기인 1905년, 지석영의 '신정국문' 실시에 관한 상소(고종 42년, 1905년 7월 8일 기사, 국사편찬위원회)에 '정해진 높낮이법[高低之定式]'이 제대로 전달되지 않아서 '눈(雪)'과 '눈(眼)', '동(動)'과 '동(東)'이 뒤섞여 '말이나 사물 현상을 기록하는 데 막히는 점'이 많음을 우려하는 진술이 나타난다. 이 진술은 상소문에 포함된 것이긴 하나 이러한 우려가 이후 〈신정국문〉, 〈국문정식〉, 〈국문연구의정안〉 등에 나타나는 장단에 대한 인식과 그 표기 방안에 대한 고민으로 이어지고 있다는 점에서 전문성을 가진 관찰에 의한 것이라 할 수 있는바, 음장 대립의 혼란상이 20세기 초반에 이미 인식되었음을 보여주는 자료라 할 수 있다.

81 표준 발음법 제정 과정에서 음장 관련 내용이 중요하게 고려되었음은 이진호(2008)를 통해 확인할 수 있다.

화는 지속적으로 진행된 것으로 보인다. 이후 서울방언 등 중부지역어를 대상으로 한 많은 연구에서 음장의 비음운화 경향을 세대 간 음장 실현 및 인식상의 차이를 보여주는 방식으로 제시하거나 그러한 경향이 나타나는 조사 결과를 보고하였다.[82] 그 결과 현행 표준 발음법과 많은 문법서에서 음장을 현대국어의 운소로 인정하고[83] 일부 연구가 음장 대립이 유지되고 있음을 보여주었으며,[84] 음장이 완전히 소멸된 것으로 보는 것을 주저하게 하는 몇 가지 사실[85](이문규 2020: 378)이 남아 있음에도 불구하고, 최근에는 중부방언에 대해서는 음장의 비음운화를 선언한 연구들이 큰 흐름을 형성하는 한편,[86] 음장이 비음운화되는 과정에서 발생할 수 있는 음장 변

---

82 박주경(1985)을 예로 들면, '안정된 세대(40대 이상)'는 단음 대비 장음의 길이 비율이 2:1에 가깝고, 장단 의식이나 사용의 일관성이 나타나는 반면, '자라나는 세대(30대 이하)'는 길이 비율도 작아지고 의식 및 일관성 등에서도 비음운화 경향이 나타나는 것으로 보고하였다.

83 유현경 외(2013: 82)에 의하면, 이 연구에서 참고한 21개 문법서 중 18개에서 장단이 현대국어에서 변별력을 가지는 요소임을 인정하고 있다.

84 2000년대 이후에 이루어진 조사 연구 중에서, 적지 않은 혼란상에도 불구하고 아직은 음장체계가 유지되고 있는 것으로 판단한 연구(정명숙 2002, 남기탁 2012)와 그 차가 줄어들긴 했어도 여전히 장음이 더 길게 발음되고 있다는 연구(한준일 2014)가 있다.

85 기저 장음이 '기식군' 형성 방식에 따라 단음으로 실현되다가도 그 단어가 의미 초점을 받게 되면 필수적으로 복원되는 데 반해, 표적적 장음은 그렇지 않은 경향이 있다거나 (이병근 1986) 하나의 운율 어절이 전달 초점이 되는 위치에서 실현될 경우에는 여전히 그 어두의 장단 대립이 유지되는 경향이 높다는 점, 단모음화나 장모음화와 같은 음장 차원의 음운 과정이 인식되고 있다는 점 등이 그러한 사실들이다.

86 전통적인 방언 조사 연구 방식을 통해 중부 방언권의 음장이 10모음 체계를 가진 세대에서만 변별력을 가지는 것으로 본 곽충구(2003: 76)나 대규모 말뭉치 자료에 대한 실험음성학적 분석 결과, 서울방언의 음장 대립이 1960년대에 태어난 사람들에 의해 소멸되었고 이러한 변화가 완성된 것으로 보고한 Kang 외(2015)가 그 보기이다. 그리고 김선철 외(2004)에서는 20대~60대에 걸친 350명의 서울말 화자를 대상으로 한 장단음 선호도 조사를 통해, 이 방언의 음장 대립이 변별력을 잃어가고 있음을 확인하였다. 이 조사 연구에 의하면, 장음을 장음으로 발음하는 경우가 30%를 넘지 않는 가운데, 단음을 장음으로 발음하는 경우가 25% 가량에 이른다는 점, 노년층 화자의 경우 상대적으로 장음 유지 비율이 높지만 일부 어휘의 경우에는 60대 이상 노년층에서도 음장 실현의 일관성을 잃은 상태라고 보고하였다. 한편, 김수형(2001)에서는 음장방언, 성조방언, 무음장무성조방언이 모두 포함된 전국 17개 지역을 대상으로 음장과 관련된 방대

화의 양상을 보여준 연구(김성규 2006)도 있다. 최근에 나온 국어학 개론서나 음운론 개론서에서는 현대국어 표준어 혹은 중부방언의 운소에 관한 내용으로 음장체계를 제시하면서도 상당수는 현실 발음상으로는 음장이 변별력을 이미 상실한 상태라거나 심한 혼란을 겪고 있는 것으로 기술하고 있다. 이러한 상황을 고려할 때, 지금의 중부방언은 실질적으로 무성조·무음장체계가 된 것으로 볼 수 있을 것이다. 따라서 중부방언을 중심으로 볼 때, 한국어의 '현대'는 음장의 유무를 기준으로 두 시대로 나뉠 수 있다.[87]

2.6. 중·서부 방언의 비변별적 음고형 체계

종래 음장방언으로 분류되어 온 한반도 중·서부의 여러 방언과 무성조·무음장 방언으로 분류되어 온 제주방언에는 분절음의 음성 자질에 의해

하고도 다양한 층위의 사항들을 조사하고 분석하였는데, 이 연구에서는 모든 지역과 세대의 발음에 있어서 음장의 대립은 소멸되었고 화자들의 음장 의식도 매우 희박해진 것으로 보고하였다. 특히 이 연구에서는 일반적으로 음장대립이 유지되고 있는 것으로 인정되는 경북방언이나 서남방언까지도 음장 대립이 소멸된 것으로 보았다는 점에서 주목된다.

87 두 시대의 경계, 즉 중부 지역 방언에서 음장이 비음운화된 시점을 확정하기는 쉽지 않다. 다만, 최근의 몇몇 연구 중에는 음장 비음운화의 시점을 가늠할 만한 결과를 제시한 것들이 있다. 예를 들어, 위 각주 86의 Kang 외(2015: 485)에서는 국립국어원(2005)의 낭독체 발화 말뭉치 자료를 대상으로 한 실험음성학적 연구를 통해, 당시 60년대생 이후 화자들의 발음에서 평균 지속 시간이 70ms 이하가 되었고, 70년대생의 발음에서는 단모음 대비 장모음의 길이 비율이 1:1에 근접했음을 보여 주었다. 그리고 Jun & Cha(2015: 104)에서는 음장의 비음운화로 인해 '이(二)'와 '일(一)'을 구별하기 어려워진 상황을 타개하기 위해 발생한 것으로 해석되는, '일(一)-고조화' 경향이 70년대생부터 강해진다는 점을 보여 주었다. Sun-Ah Jun(2020)에서는 이 두 연구의 결과를 근거로 "60년대에 태어난 사람들이 언어학적으로 활동적이었을 때쯤 완성된 음장 상실이 '일(一)-고조화'라는 변화를 촉발시켰을 수 있다"고 추정하였다. 국립국어원(2005)의 녹음 시점인 2003년쯤을 음장 비음운화가 완성된 시기로 본 것이다.

결정되는 음고형이 나타나는 것으로 알려지고 있다.[88] 어휘 차원의 변별력을 가지지 않는다는 점에서 '비변별적 음고형'이라고 부를 수 있는[89] 이 운율형은 성조체계와 음장체계의 비음운화와 함께 나타나는 국어 운율체계 변화의 양상을 보여준다는 점에서 주목된다. 비변별적 음고형 체계의 가장 큰 특징은 어두 분절음의 종류에 따라 첫음절이 고조인 음고형과 저조인 음고형이 나뉜다는 점인데[90] 세부 내용은 해당 방언에 음장 대립이 존재하느냐의 여부에 따라 두 유형으로 나뉜다.

먼저, 음장대립이 존재하지 않는 방언에는 어두 분절음의 종류에 따라 첫음절이 저조인 음고형과 고조인 음고형의 두 운율형이 나타난다. 서울방언이 대표적인 보기인데, 다음은 김차균(1969, 1975)의 자료와 설명을 가져와 정리한 것이다.[91]

(29) ㄱ) 어두 자음이 경음이나 격음, 그리고 마찰음인 어절의 음고형:
     [HHL₀]

---

[88] 이 음고형 체계에 대해서는 성조 연구의 이른 시기라고 할 수 있는 1960년대에 이미 보고되었고(김차균 1969) 이후 몇몇 연구자에 의해 지속적으로 연구되었으며(김차균 1975, 전선아 교수의 일련의 연구) 최근 음향음성학적 방법론에 기반한 운율음운론 혹은 억양음운론 연구의 많은 관심을 받고 있다.

[89] 음향음성학적 방법론에 기반한 많은 연구에서는 이 음고형을 분절음 유래 성조(segment-induced tone), 분절음 상관 성조(segment-correlated tone, SCT), 준-성조(quasi-tone) 등으로 부르면서 이 음고형이 생성되는 과정을 '성조 생성(tonogenesis)'으로 다루고 있다(D. J. Silva(2006), Kenstowicz & Park(2006), J. D. Wright(2007), Holliday & Kong(2011), Y. Kang (2014), Y. Kang & S. Han(2013), Y. Kang, Yoon, T-J & Han, Sungwoo(2015), S. Cho(2017), H-Y Bang , Sonderegger, M. , Kang, Y. , Clayards, M. , & Yoon, T-J. (2018) 등 참고). 반면 이 음고형이 억양 층위에서 발현되는 운율형으로서 어휘적 변별력을 가진 성조와는 구별된다는 점에서 '후-어휘적 성조'로 부르고, 이 음고형의 위상을 성조체계가 붕괴되는 과정에서 발생하는 '성조 탈출(tonoexodus)'의 일환으로 규정한 연구(전선아 2020: 439-440)도 있다.

[90] 핵심 요인은 어절 첫 분절음의 음성 자질에 따라 결정되는, 후속 모음의 기본 주파수 값(F0) 차이이다.

[91] 김차균 님의 자료에서 저조를 나타내는 'M'을 'L'로 바꾸었다.

깜깜하다[HHLL], 사람[HH], 선생님[HHL], 큰아버지[HHLL],
할아버지[HHLL], 혈액형이[HHLL]

ㄴ) 어두 자음이 그 밖의 자음이거나 모음인 어절의 음고형: [LHL₀]
가랑비[LHL], 고래등[LHL], 눈사람[LHL], 당신의[LHL], 만년
필[LHL], 모래[LH]

(29)의 두 음고형 [HHL₀]와 [LHL₀]은 경계 억양이 포함되지 않은 상태인
데, 둘째 이하 음절의 음고는 '-HL₀'로 같고, 초두 분절음의 음성 자질에 따
라 달라진 첫음절 음고의 상대적 높이에 따라 분화된 것이다.[92] 이와 같은
서울방언의 두 음고형은 이현복(1974)에서 밝힌 '서울말의 강세'나 박숙희
(2012)의 '기본 운율 유형', Sun-Ah Jun(1993, 1996, 1998, 2020 등)의 '후 어휘적 악
센트구 성조형'[93]과 대체로 일치하며, 앞에서 언급한, 최근의 음향음성학
적 방법론에 의한 많은 연구들을 통해서도 확인된다.[94]

음장 대립을 가지면서 서울방언과 같은 비변별적 음고형이 나타나는
방언의 대표적인 보기는 광주방언인데, 이 방언의 음고형 체계에 대해서
는 어두 음장을 가진 부류의 첫음절 음고를 처리하는 방식에 따라 두 체계
가 보고되었다. 먼저, 어두 음장을 가진 부류, 즉 성조방언의 '말(語)'-류 및

---

[92] 음향 음성학적 연구들에 의하면, 이 음고형의 발생은 초두 자음의 VOT 대립 약화와 연
동되어 있다. 즉, 후두 자질에 의해 결정되는 VOT 대립이 약화되면서 그 변별의 책임
이 후속 모음의 기본 주파수 값으로 이전된 결과가 이 비변별적 음고형이라는 것이다.
아울러, VOT 대립의 약화와 기본 주파수 값의 부상은 실험 음성학적 수치뿐 아니라 지
각 실험을 통해서도 확인되는 것으로 보고되고 있다.

[93] 전선아 교수는 서울방언의 '기본 성조형'을 [THLH]로 잡고 첫음절 T는 첫 자음의 종류
에 따라 H나 L 중 하나로 정해진다고 보았다. 이 성조형은 마지막 음절이 고조인 점이
김차균 님의 것과 다른데, 둘 사이의 차이는 마지막 H를 음고형의 일부로 보느냐 억양
의 일부로 보느냐에 달려 있다.

[94] 이들은 서울방언 외에, 충청방언, 제주방언 등이 (29)와 같은 운율체계를 가지는 것으
로 보고하고 있다.

음장방언의 '장음형'에 대당하는 부류는 어휘적 성조형을 가지고, 어두 음장을 가지지 않은 부류, 즉 성조방언의 '말(馬)-류와 '말(斗)'-류, 그리고 음장방언의 '단음형'에 대응하는 부류는 첫 자음의 종류에 따라 달라진 두 음고형 중 하나로 실현되는 체계이다. 아래 (30)은 김차균(1969, 1998: 413-415)에 제시된 체계인데, 이 연구에 의하면 1960년대 후반의 광주방언은 '어절의 첫음절의 길이와 어두 자음에 따라 예측'되는 음고형을 가진다.[95]

(30) ㄱ) 어두 음절이 장음인 어절의 음고형: [RLₒ][96]

개가[RL], 냄새를[RLL], 더럽다[RLL], 딸기[RL], 말씀[RL], 별자리[RLL], 사람들이[RLLL], 사마귀[RLL], 세상이[RLL], 신는다[RLL]

ㄴ) 어두 음절이 단음인 어절의 음고형

ⅰ) 경음, 격음, 마찰음으로 시작하는 어절: [HHLₒ]

사랑한다[HHLL], 숨어서[HHL], 쌀밥이지만[HHLLL], 참새[HH], 학교에[HHL]

ⅱ) 그 밖의 자음 및 모음으로 시작하는 어절: [LHLₒ]

바람에[LHL], 보리밥[LHL], 다람쥐라도[LHLLL], 맞습니다[LHLL], 여섯시에[LHLL], 오셔서[LHL]

이 체계는 성조방언의 '말(語)'-류 성조형이 어휘적 성조형으로 남고(30, ㄱ), '말(馬)'-류와 '말(斗)'-류 성조형은 완전 통합되어 서울방언과 같이 어두 첫

---

95 (30)은 김차균(1969)의 자료에 필자가 조사한 자료를 추가한 것이다.

96 김차균(1969, 1998)에서는 첫음절 음고를 'H̆'(고장조)로 표기하였는데, 이 음고는 고조의 음역대 안에서 일어나는 상승을 가진다. 따라서 여기서는 좁은 폭이나마 상승이라는 움직임을 가진다는 점을 중시하여 'R'(상승조)로 표기한 것이다. 이 음고형은 울진, 영덕 등 경북 동해안 지역 방언과 강원 삼척방언의 '말(語)'류-성조형과 유사하다.

분절음의 종류에 따라 두 음고형 중 하나로 실현되는 상태이다(30, ㄴ). 이를 음장을 중심으로 보면, 어두 장음을 가진 어절이 독자적인 성조형으로 실현되고 어두 단음을 가진 어절은 두 비변별적인 음고형 중 하나로 실현되는 체계이다. 어휘적 성조형 혹은 장음형 하나와 두 개의 비변별적 음고형이 공존한다는 점에서 복합 체계라고 할 만한데, 김차균(1998:415, 1999ㄴ: 21)에서는 이 체계를 '성조와 장단이 비긴 상태'로 보면서 서남방언을 성조 체계에서 음장체계로 전환되는 도중에 있는 체계라는 의미로 '준성조방언'으로 불렀다. 광주방언의 이러한 복합 운율체계는 김차균(1969)에서 이미 전남의 다른 방언에도 나타난다는 점이 지적된 바 있거니와,[97] 임성규 (1988)의 전북방언과 배주채(1991, 1994)의 전남 고흥방언, 정인호(1995)의 전남 화순방언, 김차균(2002ㄴ)의 전남 담양방언에서도 확인되었다는 점에서 서남방언의 전반적인 운율체계로 볼 수 있다.

광주방언의 운율형 체계는 Sun-Ah Jun(1989, 1990, 1993, 1998 등)에서도 분석된 바 있는데, 이 연구에서는 어두 음장을 가진 부류도 초두음의 종류에 따라 두 음고형으로 나뉘어 실현되는 것으로 본다는 점에서 (30)과 차이가 있다. 즉, 이 연구에 따르자면 (30, ㄱ)의 어두 장음형도 그 첫음절 두음의 종류에 따라 [LHL₀] 형과 [HHL₀] 중 하나로 실현된다는 것이다. 다만, 장음형의 경우, 어두의 두 음고, 즉 'LH'와 'HH'가 한 음절 안에서 실현되고 둘째 이하 음절은 모두 저조로 실현된다는 점이 단음형과의 차이라고 본다. 예를 들면, '말씀을'은 [L·HLL]로, '사마귀'는 [H·HLL]로 실현된다는 것인데, 모라 단위로 실현되는 음고형으로 보면, 각각 'LHL', 'HHL'으로 단음형과 다름이 없으며, 따라서 어떤 경우에도 어절의 첫 분절음의 종류에 따라 음고형이 결정되는 원칙이 지켜지고 있다는 것이다. 이 관점에 따르

---

[97] 김차균(1969, 1999ㄴ: 21-35)에서는 서남방언 안에서도 광주방언은 이 복합 운율체계가 완성된 상태이나 일부 방언은 성조체계에서 이 체계로의 변화 과정에 있는데 그 정도는 차이가 있는 것으로 보았다.

면 광주방언의 음고형 체계는 다음과 같이 정리된다.

(30)′ ㄱ) 어두 분절음이 경음이나 격음, 그리고 마찰음인 어절의 음고형

ⅰ) 어두 음절이 장음(2모라)인 어절: [H·HLL](딸기가)

ⅱ) 어두 음절이 단음(1모라)인 어절: [HHL](참새가)

ㄴ) 어두 분절음이 그 밖의 자음 및 모음인 어절의 음고형

ⅰ) 어두 음절이 장음(2모라)인 어절: [L·HLL](말씀이)

ⅱ) 어두 음절이 단음(1모라)인 어절: [LHL](보리가)

(30)과 (30)′의 차이는, 미세한 요소를 제외하면, 그 자체로 서남방언 운율체계 변화의 흐름을 반영하고 있는 것으로 설명될 수 있다. 즉 이 방언이 (30)의 체계에서 (30)′의 체계로 변해가고 있다고 보는 것이다. (30)이 어두 음장을 가진 부류, 즉 '말(語)'-류가 하나의 성조형으로 존재한다는 점에서 성조체계의 모습을 부분적으로 유지하고 있는데 반해, (30)′는 '말(語)'-류가 장음형으로 바뀜으로써, 음장과 비변별적 음고로만 이루어진 체계가 되었기 때문이다. 위에서 언급한 김차균(2002ㄴ: 44)에 이미 이와 유사한 관점이 나타나는데, 이 논문에서는 광주 인근 담양방언의 운율형이 (30)′에 가깝게 실현되는 경향이 강하다는 점을 밝히면서,[98] 광주방언도 정도의 차이는 있을 것이나 담양방언에 가까운 쪽으로 달라졌을 것으로 보았다.[99]

---

[98] 김차균(2002: 45-49, 373-427)에서는 당시의 담양방언의 운율형이 크게는 1960년대 말 광주방언과 유사하나, 어두 음절이 장음인 어절의 첫 음고도 해당 어절 초두음의 종류에 따라 상승조와 고장조로 실현되는 비율이 높다는 점에 차이가 있는 것으로 보았다. 초두음의 음성 자질이 장음형과 비장음형 모두를 두 음고형으로 나뉘는 경향이 강하다고 본 셈인데, 이 체계는 결국 (30)′와 같다고 할 수 있다.

[99] 최근(2021년) 필자도 고흥, 광주, 순천, 해남방언의 50대 이상 화자를 대상으로 한 조사를 통해 (30)′의 체계가 더 강하게 나타난다는 점을 확인한 바 있다. 한편, 비변별적 음고형의 음성 실현에 있어서 서울방언과 서남방언은 음장 유지 여부에 따른 차이 외에도 미세한 차이를 가진다고 보고되어 있다. (이러한 차이와 관련된 최근의 연구로는

이상에서 살핀, 비변별적 음고형은 분절음의 음성 자질에 따라 결정된다는 점에서 단어나 형태의 구성 자질인 성조형이나 음장형과는 근본적으로 성격이 다른 운율형이다. 그러나 이러한 비변별적 음고형 체계가 현대국어의 음장방언과 무성조·무음장 방언에 나타난다는 점, 서남방언처럼 음장을 유지하고 있는 방언의 경우 성조체계의 '말(語)'-류 성조형에 대응하는 음고형이 성조형으로 남아 있다는 점에서 음운론적으로는 성조체계나 음장체계와 연관성을 가지고 있다고 볼 수 있다. 무엇보다도, 이 운율체계는 성조체계와 음장체계의 비음운화와 함께, 혹은 그러한 '성조체계〉음장체계'에 이어 나타나는 국어 운율체계 변화의 단계를 보여준다는 점에서 그 변화의 양상이나 운율사적 위상에 대한 논의가 운소사의 일부로 다루어져야 할 것으로 본다.

오미라(2021)를 참고할 수 있다.)

제3장 대응 관계를 바탕으로 본 운소체계의 변천 과정

이제 중세국어와 현대국어의 여러 운율체계들 사이에 형성되어 있는 대응 관계를 바탕으로 국어 운소체계의 변천 과정을 재구해 보기로 한다. 먼저, 2장에서 개별적으로 살핀 운율체계들 사이의 대응 관계를 종합적으로 검토하고, 이를 바탕으로 고대국어 시기의 운소체계를 재구한 다음, 이 체계로부터 위의 대응 관계가 형성되기까지의 변화 과정을 국어 운소체계 변천의 주요 내용으로 보고 이들과 관련된 사항을 논의하는 방식을 취하고자 한다.

3.1. 대응 관계의 내용과 운소사적 의미

2장에서 살핀 대로, 중세국어와 현대국어의 여러 방언들은 운율형 및 그것을 가진 형태 부류, 운율 차원의 음운 과정 전반에서 엄밀한 대응 관계를 유지하고 있다. 이 대응 관계의 핵심은 형태나 단어의 운율형 및 그것이 포함된 어절의 운율형은 모든 방언에서 체계적인 차이를 보인다는 점, 같은 운율형을 가지는 형태 및 단어의 집합은 모든 방언에 걸쳐 상당한 정도로 일치한다는 점이다.[100] 예를 들어, '사람이다'에 해당하는 어절은 중세국어와 성조방언에서 그 체계에 존재하는 표면 성조형으로 실현되고 음장방언에서는 첫음절이 장음인 '장음형'으로 실현되는데, 이 다양한 운율형들 사이의 관계는 매우 체계적이다. 즉, '대추나무', '거머리가', '살다가도'와 같이, '사람이다'와 같은 '말(語)'-류에 속하는, 같은 음절수의 단어나 어절들도 평행적인 차이를 가진다. 이러한 대응 관계는 나머지 두 부류의 경우에도 동일하게 형성되어 있다. 아래 표는 중세국어와 현대의 세 성조방언, 그리고 서남방언과 중부방언의 4음절 어절의 운율형을 비교한 것이다.

(31)

부류	중세국어	동북방언		동남방언		강원 영동방언[101]		서남방언		중부방언	
		그 밖	길주	경북	경남	삼척	강릉	서남 ㉠	서남 ㉡	음장	무음장
(말(馬)-류) 바람이다	LLHX[LLHH]	LLHX[LLHL]		HHLX[LHLL]		HHLX[LHLL]		[LHLL]/[HHLL]	[LHLL]/[HHLL]	VX³[VVVV]	[LHLL]([HHLL])
(말(斗)-류) 구름이다	HX³[HHLH]	HX³[HLLL]	HX³[HLLL]	LX³[HLLL]		HHLX[LHLL]		[LHLL]/[HHLL]	[LHLL]/[HHLL]	[VVVV]	
(말(語)-류) 사람이다	RX³[RHLH]	HX³[HLLL]	RX³[RLLL]	RX³[RHLL],[RLLL]	ΓX³[ΓHHL],[ΓHLL]/[LHLL]	RX³[RLLL]	RX³[RHLL]/[RLLL]	RX³[RLLL]	[H·HLLL]/[L·HLLL]	WX³[WVVV]	

위 표에서는 성조방언이 가진 세 부류의 성조형을 '어절 성조형[표면 성조형]'으로 제시하였는데, 어절 성조형은 변별에 관여하는 위치만 성조나 음장 표시를 하고, 표면 성조형 실현 단계에서 개별 체계에 존재하는 규칙

---

100 한자어는 물론이고 외래어도 고유어와 같은 대응 관계를 가진다.
101 강원 영동방언에서 '바람이다'와 '구름이다' 사이에 점선으로 표시한 것은 앞에서 언급했듯이, 이 방언에서 후자는 거의 전자에 합류된 상태에 가까이 와 있다는 점을 나타내기 위한 것이다.

에 의해 자동적으로 실현되는 음절은 X로 표기한 상태이다. 따라서 운율체계들 사이의 대응 관계는 이 X 음절을 제외한 나머지 부분에서 형성된다.

중세국어의 '말(馬)'-류는 첫음절이 저조인 성조형인데, '바람이다'는 그중에서 둘째 음절에서 셋째 음절로의 음고 오름이 일어나는 부류이다. 같은 어절이 동북방언에서는 중세국어와 같은 성조형으로 실현되는 반면, 동남방언과 강원 영동방언은 고저 관계가 반대인 어절 성조형을 가지면서 같은 위치에서 음고 내림이 일어난다는 점에서 완전히 역전적(逆轉的)인 모습을 보여준다. 다음으로, 중세국어에서 첫음절이 고조형인 '말(斗)'-류는 성조형 실현 규칙의 적용을 받아, 첫 두 음절은 고조, 셋째 음절은 저조, 넷째 음절은 고조로 실현되는데, 많은 동북방언에서는 이 부류가 '말(語)'-류와 통합되어 구별되지 않는 가운데, 중세국어와는 성조형 실현 규칙의 차이로, 첫음절을 제외한 모든 음절이 저조인 표면 성조형을 가진다. 이에 반해, 동남방언과 영동방언의 '말(斗)'-류는 첫음절이 저조인 성조형인데, 동남방언은 첫 두 음절이 고조로 실현되는 표면 성조형을 가지고, 영동방언은 첫 두 음절이 고조인 '말(馬)'-류 성조형으로 바뀌는 변화를 입은 결과, '바람이다'와 똑같은 표면 성조형으로 실현된다. 마지막으로, 중세국어의 '말(語)'-류는 첫음절이 상승조인 성조형으로, 첫음절은 상승조, 둘째 음절은 고조, 셋째 음절은 저조, 넷째 음절은 고조로 실현된다. 동북방언은 '말(語)'-류가 유지되는 지역과 '말(斗)'-류와 합류된 지역으로 나뉘는데, 전자에서는 이 성조형이 첫음절 상승조, 둘째 음절 이하는 모두 저조로 실현된다. 동남방언은 이 성조형에 대해 경남형과 경북형이 구별되는데, 경남방언도 하위 지역에 따라 다른 표면 성조형이 나타나기도 한다. 영동방언도 이 성조형의 표면형이 하위 방언에 따라 차이를 보인다.

음장방언에서는 성조방언의 '말(馬)'-류와 '말(斗)'-류가 통합되어 '단음형'으로, '말(語)'-류는 '장음형'으로 실현된다. 무성조·무음장방언에서는 성조와 음장 둘 다가 비음운화된 가운데, 어절 첫 분절음의 종류에 따라 첫음절이 저조인 음고형과 고조인 음고형으로 나뉘어 실현된다. 앞에서 말한 대로, 이 음고형은 성조나 음장과는 무관하며 분절음의 자질에 따라 예측된다는 점에서 운소는 아니다.

서남방언은 '말(語)'-류의 표면형 분화 여부에 따라 서남 ㉠형과 서남 ㉡형으로 나뉜다. 서남 ㉠형은 2장의 (30)의 체계이고 ㉡은 (30')의 체계이다. 먼저, 서남 ㉠형은 '말(語)'-류가 첫 분절음의 자질에 관계없이, 첫음절 상승조, 둘째 이하는 모두 저조인 성조형을 유지하는 반면, 나머지 두 부류는 통합되어, 무음장 방언과 같은 기준에 따라 분화된 두 음고형이 나타난다. 여기서 '바람이다'('말(馬)'-류)와 '구름이다'('말(斗)'-류)는 둘 다 어절 첫 분절음이 평음이기 때문에 [LHLL]로 음고형이 같다. 반면에 '까마귀다'('말(馬)'-류)나 '할애비다'('말(斗)'-류)는 이 방언에서 둘 다 [HHLL]이 된다.[102] 서남 ㉡형은 '말(語)'-류도 어절 첫 분절음의 종류에 따른 두 음고형 중 하나로 실현된다는 점에서 서남 ㉠과 다르다. 그런데 위의 '사람이다'는 첫 분절음이 마찰음이기 때문에 [H·HLLL]로 실현된다. 이에 반해, 첫 분절음이 평음인 경우, 예를 들어 '말씀이다'는 [L·HLLL]로 실현된다.[103]

(31)을 통해 확인할 수 있는 성조체계 간 대응 관계의 가장 두드러진 점은 고조와 저조로만 이루어진 두 성조형, 즉 '말(馬)'-류와 '말(斗)'-류에 대해, '중세국어, 동북방언' 무리와 '동남방언, 영동방언' 무리가 고저의 소릿값 차원에서 서로 역전적으로 대응하고 있다는 점이다.[104] 요약적으로 말하

---

102 위에서 이 부류 음고형을 '[LHLL]/[HHLL]'로 제시한 것은 성조방언의 성조형 부류와 관계없이 [LHLL]이나 [HHLL] 중 하나로 실현된다는 점을 나타내기 위해서이다.

103 여기서 'L·H'는 끝이 올라가는 상승조를 표기한 것으로, 서남 ㉠의 'R'과 같다. 같은 음고를 'R'과 'L·H'로 달리 적은 것은 전자는 성조형과의 관련성을, 후자는 모라 단위로 표기함으로써 비변별적 음고형과의 동형성을 나타내기 위함이다. 즉 '말씀이다'의 '[L·HLLL]'는 모라 단위로는 '바람이다'나 '구름이다'의 [LHLL]와 그 음고형이 같고, '사람이다'의 [H·HLLL]는 '까마귀다'나 '할애비다'의 '[HHLL]'와 그 음고형이 같다.

104 이러한 음고 관계의 같고 다름을 기준으로 나누어, 중세국어와 동북방언의 성조체

82

자면, 중세·동북 체계가 '말(馬)-저, 말(斗)-고'인 데 반해, 동남·영동 체계는 '말(馬)-고, 말(斗)-저'라는 것이다. '말(語)'-류 성조형은 상승조를 어두 음고로 가진 체계(중세국어, 길주방언, 경북방언, 영동방언)와 같은 위치에 고조(함경방언)나 최저조(경남방언)를 가진 체계로 나뉘는데, 상승조로 시작하는 성조형은 다시 표면 성조형에서 둘째 음절이 고조인 방언(중세국어, 경북 내륙)과 저조인 방언(길주방언, 경북 동해안)으로 나뉜다.

서남방언의 운율체계 중 서남 ㉠형은 나머지 두 부류가 완전히 다른 성격을 가진 두 음고형으로 재편되었지만 '말(語)'-류가 성조형으로 남았다는 점에서 성조체계와의 관계를 유지하고 있다고 볼 수 있다. 이에 반해, 서남 ㉡형은 '말(語)'-류까지도 비변별적 음고형 체계 속으로 통합되어 들어간 상태라는 점에서 성조체계로서의 성격은 완전히 없어졌으나 '말(語)'-류가 여전히 어두 장음을 유지하고 있다는 점에서 음장체계의 성격은 유지하고 있다.[105]

이처럼 중세국어와 현대 방언의 운율체계는 성조형 부류와 음성적인 소릿값 차원의 대응 관계가 비교적 정연하고 명확한 편이어서, 이 대응 관계를 토대로, 전체 체계의 역사적 변화에 대한 어느 정도의 단서를 얻을 수 있다.[106] 무엇보다 주목되는 점은, 표면 운율형 차원의 소릿값 차이에도 불구하고 중세국어와 현대 방언 운소체계 내의 대응 운율형들은 서로 주목할 만한 동형성과 동질성을 가진다는 것이다. 우선, 성조체계만 놓고 볼

계를 '중세·동북 체계'로, 동남방언과 강원 영동방언의 체계를 '동남·영동 체계'로 부르고자 한다.

105 서남방언의 운율사적 위상에 대해서는 아래에서 다시 거론된다.

106 성조의 수나 소릿값에 있어 엄청난 다양성과 차이를 보이는 중국어 방언의 경우와 비교해 보면, 국어 성조체계 간 대응 관계가 얼마나 간명한지 잘 드러난다. 중국어의 경우, 그 다양성과 음가의 큰 차이로 인해 방언 성조 대조를 통한 원형(proto-form) 재구가 어렵다는 점이 여러 연구자에 의해 지적되어 왔다(Hashimoto 1966: 382-3 등 참조).

때, 같은 성조형 부류는 음고가 명세된 음절과 명세되지 않은 음절의 위치가 모두 일치한다. 특히, '말(馬)'-류 성조형의 경우, 음고 오름이나 내림의 위치까지도 같다. '바람이다'의 경우, 중세·동북 체계에서는 둘째 음절에서 셋째 음절로 가면서 '저╱고'의 음고 오름이 일어나는데, 동남·영동 체계에서는 같은 위치에서 '고╲저'의 음고 내림이 일어난다. '말(斗)'-류와 '말(語)'-류의 경우, 모든 방언에서 첫음절의 음고만 변별적이고 둘째 이하 음절은 개별 방언의 성조형 실현 규칙의 차이에 의해 자동적으로 실현된다는 점도 동일하다.

　아울러, 서로 대응 관계에 있는 운율형들은 운율 차원의 음운 과정에서 동일한 위상을 가진다. 예를 들어, 중세국어와 동남방언의 '말(斗)'-류 1음절 명사의 성조형은 각각 {H}와 {L}이어서, 음고 자질만 놓고 보면 정반대의 소릿값을 가진다. 그러나 이들은 두 방언에서 각각 '말(馬)'-류 및 '말(語)'-류 1음절 명사의 성조형과 평행적으로 대립할 뿐 아니라 어절 성조형 형성 과정에서 같은 성조형 변동에 참여하는 모습을 보인다. 즉, 중세국어의 '말(斗)'-류 1음절 명사의 성조형은 처소의 부사격 조사 '에'와 결합하면서 '고조(H)→저조(L)'의 변동을 겪는데, 이 변동은 동남방언의 '말(斗)'-류 1음절 명사에도 평행적으로 일어난다.

(32) 중세국어: 귀(耳){H}+예{H}→귀예/LH/→[LH]
　　　동남방언: 기(耳){L}+에{L}→기에/HL/→[HL]

　음고 차원의 소릿값으로만 보면, 같은 '명사+조사'의 결합 과정이 두 방언에서 서로 정반대 방향으로의 변동을 겪는, 일반 음운론의 관점에서 보면 매우 특이한 현상이라고 할 수 있다. 그러나 이 현상을 고조와 저조의 성조 연결 관계에서 일어난 것이 아니라 '말(斗)'-류 성조형이 '말(馬)'-류 성조형으로 바뀌는 현상으로 보면 자연스럽게 이해된다. 이 변동은 음절 성조 차원이 아닌 형태소 성조형 차원의 변동으로, 다음과 같은 범방언적인 성조형 변동 규칙에 의한 것으로 기술할 수 있다.

(33) {말(斗)}→/말(馬)/ /#____+에#
('말(斗)'-류 1음절 명사의 성조형은 조사 '에' 앞에서 '말(馬)'-류 성조형으로 바뀐다.)

따라서 두 성조체계에서 서로 정반대 방향으로 일어나는 것처럼 보이는 (32)의 두 성조 변동 현상은 본질적으로 하나의 음운 과정에 의해 일어나는 것이라고 할 수 있다.

(34) 중세국어: 귀{H}+예{H}→귀예/LH/→[LH]
↑
{말(斗)}→/말(馬)/
↓
동남방언: 기{L}+에{L}→기에/HL/→[HL]

사·피동 접사 앞에서 일어나는 변동 현상은 이와 같은 운율형의 음운론적 동질성이 음장방언을 포함한 국어 운소체계 전반에 걸친 것임을 잘 보여준다. 아래 (35)는 앞 장에서 개별 성조방언의 성조형 변동 중 하나로 살폈던 사·피동사 어간의 성조형 변동 현상을 모은 것이다.

(35) (중세) 숨-{H}+-기-{H}+-고{H}→숨기고/LHX/[LHH]
옮-{R}(~{L})+-기-{H}+-어{H}→옮겨/LH/[LH]
(동북) 얼{H}-+-구-{H}+-어서{HX}→얼궈서/LHX/[LHL]
밟{H}-+-히-{H}+-다{H}→밟히다/LHX/[LHL]

(동남) 깜-{L}-+-기이-[HL]+-고[L]→깜기이고/HHLX/[LHLL]

얼-{R}(~{H})+-구우-{HL}+-아서{HX}→얼가아서/HHLX/
[LHLL]

개별 성조체계의 처지에서 보면, 이 현상은 중세국어와 동북방언에서는 고조형과 상승조형 어간이, 동남방언에서는 저조형과 상승조형 어간이 사ㆍ피동 접사와 결합하면서 각각 저조형과 고조형으로 바뀌는 것을 내용으로 한다. 그런데 성조형 부류 차원에서 보면, 이 현상은 다음과 같이 '말(斗)'-류 및 '말(語)'-류 어간의 성조형이 '말(馬)'-류 성조형으로 바뀌는 것이다.[107]

(36) 용언 어간의 성조형은 사ㆍ피동 접사 앞에서 /말(馬)/-류 성조형으로 바뀐다.

이러한 '말(馬)'-류 성조형 되기 현상은 음장방언에도 대응 현상이 존재하는데, 그 내용은 '말(語)'-류 성조형에 대응하는 장음형 어간이 단음형으로 바뀌는 것이다.

(37) 얼-{W}(~{V})+-리-+-어→얼려[VV]

옮-{W}(~{V})+-기-+-어→옮겨[VV]

'얼-'과 '옮-'은 후속하는 어미에 따라 장음과 단음을 함께 가지는 복수 기저형 어간이라는 점, 사ㆍ피동 접사와 결합하면서 단음으로 실현된다는 점에서 (37)은 (35)에 평행하는 현상이다. 이 대응 관계는 성조방언의 '말

---

107 '말(語)~말(馬)'의 복수 기저형 어간은 '말(語)'-형이 이 과정의 입력형이 된다.

(語)'-류 성조형이 음장방언에서는 '장음형'이라는 음장 차원의 운율형으로 바뀌었지만 그 속성을 가진 형태 부류가 같기 때문에 가능한 일이다. 즉, 음장방언의 '얼-'과 '옮-'은 각각 성조방언의 어간들과는 운율 자질이 달라졌음에도 불구하고 여전히 같은 운율적 유전인자를 보유하고 있는 것이다.

중세국어와 성조방언 사이, 그리고 이들과 음장방언 사이의 이와 같은 대응 관계는 이들이 모두 하나의 운율론적 기반 위에 있는 것으로 봐야 설명될 수 있다는 점에서 운소사적으로 매우 중요한 의의를 가진다. 중세국어와 성조방언들은 물론이고, 음장방언으로 분류되는 서남방언과 중부방언의 운율체계가 모두 하나의 체계로부터 분화되어 나온 결과로 볼 수 있다는 것이다. 하나의 성조형 및 음장형을 가진 형태나 단어 부류가 대체로 일치할 뿐 아니라 그들이 참여하는 음운 과정까지 같다는 것은 이들 운율체계들이 단일 체계로 존재하던 시기를 가정하지 않고는 설명하기 어렵기 때문이다. 즉, 이 경우에 대해서도, 이들 여러 운율체계가 "원래 동일한 조어(祖語)에서 분화했다고 가정하고, 조어의 음운이 방언에 따라 다른 변화를-각각의 방언 내부에서는 규칙적으로-이루었기 때문에, 이와 같은 정연한 대응이 보이는 것"(平山久雄, 1967, 이준환 역 2013ㄴ: 198)[108]이라는 식의 해석이 가능하다고 본다. '말(馬)'-류 성조형에서 성조 오름이나 내림의 위치까지 정확하게 일치하는 것이나, 음고 차원에서 보면 '고→저', '저→고'와 같은 반대 방향을 향한 성조형 변동 현상이 동일한 성조형 부류를 대상으로 일어난다는 점 등은 중세국어와 현대 방언들이 단일 운소체계를 가졌던 시기가 있었음을 전제로 하지 않고는 설명하기 어렵다. 따라서 국어 운소사를 기술하는 처지에서는 (31)의 대응 관계를 단일 운소체계로부터

---

108 平山久雄(1967, 이준환 역 2013ㄴ: 198)의 진술 대상은 중국어 방언 간의 분절음 차원의 대응 관계이나, 이러한 접근 방법은 성조 등 운율 차원에도 그대로 적용할 수 있을 것으로 본다.

시작된 변천 및 분화 과정에 대한 정보를 담고 있는, 통시적 변화의 결과로 인식할 필요가 있다. 이것은 단일 운소체계로부터 (31)과 같은 상태가 되기까지의 과정에 대한 합리적인 추론 결과가 국어 운소사의 내용이 될 수 있음을 의미한다.[109]

3.2. 고대국어 시기의 단일 성조체계

국어 운소사의 어느 시기에 단일 운소체계가 존재했었고, 중세국어와 현대 방언의 운율체계들이 이 단일 운소체계로부터 분화되고 변화해 온 결과라는 점을 인정할 때, 운소사 기술을 위해 제기할 수 있는 질문은 '분화가 일어나기 전의 '단일 운소체계'는 어떤 모습인가?'라는 것과 '그 체계가 존재했던 시점은 언제인가?'가 된다. 그리고 이 질문에 대해 위 대응 관계표 (31)을 기반으로 내릴 수 있는 일차적인 답은, 단일 운소체계는 성조체계였을 것이며, 이 체계는 최소한 고대국어 시기에는 존재했을 것이고 빨라도 국어 한자음 형성기까지는 큰 변화가 없었을 것이라는 점이다.

먼저, 단일 운소체계가 성조체계였을 것이라는 판단은 '성조체계 〉 음장체계 〉 무성조·무음장 체계'나 '성조체계 〉 무성조·무음장체계'가 (31)의 대응 관계에 부합하는 가장 자연스러운 변천 과정이라는 점을 근거로 한

---

109 여러 앞선 연구들이 밝힌 바 있는, 특정 성조형과 분절음 요소 간의 일정한 경향성도 단일 운소체계의 존재를 인정하지 않고는 설명하기 어려운 현상에 속한다. 유필재(2003)에서 제시한, 중세국어 단음절 용언 어간의 성조론적 경향성 중에서 하나를 예로 들면, '어간의 두음이 격음, 경음, 자음군이면 H형에 속한다.'는 것이 있는데, 여기서 'H'형은 '말(斗)'-류 성조형을 가리키는 것으로 중세국어와 함경방언에서는 고조형이지만, 동남방언과 강원 영동방언에서는 저조형이다. 음고와 분절음의 관계가 정반대인 것이다. 이문규(2017/2018: 394)에서 논의한 대로, 이러한 경향성은 성조 발생의 단계, 혹은 최소한 성조 차원의 방언 분화가 일어나기 전에 결정된 것으로 보지 않고는 설명하기 어렵다.

다. 전자는 국어 운소 변천의 큰 흐름을, 성조가 비음운화되면서 성조 대립이 가졌던 변별력이 이전에는 잉여적이었던 어두 음장의 대립으로 이전되었다가 다시 음장의 변별력까지 잃어가는 과정으로 본 것인데, 현재의 음장방언이 그러한 변천을 겪어 온 것으로 볼 수 있다. 이에 반해, 후자는 성조체계가 음장체계를 거치지 않고 비음운화되는 경우로, 현재까지 유지되고 있는 성조체계들이 대부분 이 과정을 밟고 있는 것으로 보인다. 즉, 동북방언 중 상승조를 가지지 않은 방언이나 경남방언이 성조 대립의 변별력을 상실하면 바로 무성조·무음장 체계가 될 것이고, 상승조를 가지고 있는 경북방언이나 강원 영동방언도 이 음고가 가진 음성적 장음이 단음화하면서 같은 통시적 경로를 밟을 것으로 예상된다. 앞 장에서 살폈듯이, 길주, 단천 등을 제외한 대부분의 동북방언은 상승조형('말(語)'-류 성조형)이 고조형('말(斗)'-류 성조형)에 합류된 상태이기 때문에, 이후에는 음장체계를 거치지 않고 바로 무성조·무음장 체계로 바뀔 가능성이 높아졌다고 할 수 있고, 상승조형('말(語)'-류 성조형)을 가지고 있는 경북방언도 어두 장음의 단음화 경향이 강해지면서 2음고-2성조형 체계로 바뀌어 갈 것으로 보이는데, 이후에 성조 대립이 변별력을 잃으면 바로 무성조·무음장체계로 바뀔 것이다. 여기서 가정한, 서로 다른 두 변천 과정은 결국 성조 비음운화의 시기에 따라 음장체계를 거치느냐 그렇지 않느냐의 차이로 요약되며, 이미 성조의 비음운화를 거친 방언들은 전자의 과정을, 현재까지 성조체계를 유지하고 있는 방언들은 후자의 과정을 밟고 있는 것으로 볼 수 있다.

　다음으로, 분화 이전의 단일 운소체계가 성조체계였다면, 이 체계는 어떤 모습이었는가? (31)을 포함한, 중세국어와 현대 방언들 간의 대응 관계만을 가지고 일차적으로 가정할 수 있는 이 체계의 모습은 장음을 가진 상승조, 그리고 저조와 고조의 두 수평조를 가진 체계이다. 먼저, 이 성조체계가 '장음-상승조'를 가졌을 것으로 보는 것은 이 굴곡 음고의 존재를 가정하는 것이 중세국어와 현대 방언 운율체계의 '말(語)'-류 첫음절 음고를 설명하는 데 유리하기 때문이고, 세 개 이상의 음고와 성조형을 가진 체계로 보는 것은 동북방언을 제외한 대부분의 성조방언이 3음고-3성조형 체계를 가지고 있을 뿐 아니라, 앞에서 보았듯이, 2음고-2성조형 체계를 가진 동북방언도 이 체계로부터의 변천을 겪은 결과로 보이기 때문이다.

단일 운소체계로서의 성조체계에 대해 밝혀야 할 다른 중요한 문제는 이 체계에서 '말(馬)'-류 성조형과 '말(斗)'-류 성조형이 각각 어떤 음고를 가지고 대립했는가 하는 것과 이 체계가 존속한 시기에 관한 것이다. (31)의 대응 관계에 비추어 보면, 앞의 문제의 핵심은 단일 성조체계가 중세·동북 체계와 같은 '말(馬)-저, 말(斗)-고' 체계인가, 아니면 동남·영동 체계와 같은 '말(馬)-고, 말(斗)-저' 체계냐 하는 것이고, 뒤의 문제는 이 단일 체계가 존재한 기간과 (31)의 상태로 분화된 시점이 언제쯤인가 하는 것이다. 이들은 단일 운소체계의 음운론적 모습을 밝히는 일인 동시에 이 체계가 (31)과 같은 상태로 변천한 과정, 특히 중세·동북 체계와 동남·영동 체계가 분화된 과정을 밝히는 일이라는 점에서 국어 운소사의 중요한 부분을 차지한다.

단일 운소체계의 모습 및 변화와 관련된 위의 문제들에 대해 분명한 답을 제시하기는 어렵다. 이용할 수 있는 자료가 많지 않은 데다 그나마도 모두 몇 단계의 해석과 추론을 거쳐야 근거로 채택될 수 있는 성질의 것들이기 때문이다. 그럼에도 불구하고, 1장에서 언급한 대로, 앞선 연구 중에는 이 문제들에 대한 답을 모색한 것들이 있는데, 그들의 공통점은 국어사의 어느 시기까지 중세국어와 같거나 유사한 체계가 단일 성조체계로 존재했으며, 오늘날과 같은 남북 체계의 분화 상태는 동남·영동 체계가 큰 변화를 겪은 결과라는 것이었다. 이들은 중세·동북 체계와 동남·영동 체계의 음고 대립 양상이 지니는 역사적 성격을 유표성의 관점에서 해석하거나(김차균 1999ㄴ: 1305-1306), 두 체계의 '악센트' 위치의 차이가 보여주는 규칙성을 변화의 내용으로 치환함으로써(Ramsey 1978: 78-81), 그리고 중고 한어 성조의 조치(調値, tonal value)에 대한 분석 결과와 중세국어 성조체계의 대응 관계에 대한 역사적 해석(김완진 1973/1977: 18-27)을 통해, 이러한 판단을 내린 바 있다. 여기서 이들 앞선 연구들보다 발전된 논리나 새로운 자료를 제시하기는 어렵다. 다만, 위의 판단 근거들 중에서, 현재의 상태에서 단일 성조체계의 음고 대립 관계를 재구하는 데 가장 직접적이고 적극적인 근거가 될 수 있다고 생각되는, 한자음 관련 논의를 부연함으로써 이들의 타당성을 확인하고자 한다.

중고 한어(中古漢語)와 중세국어의 한자음 성조 대응 관계에 대한 앞선 연구들의 통계에 의하면, 중세국어를 기준으로 할 때, 중고 한어의 평성은 거의 대부분 저조로, 상성과 거성의 80% 정도는 상승조로, 나머지는 고조로, 입성은 거의 대부분 고조로 수용되었다.[110] 이를 성조형 부류 차원에서 보면, 중고 한어의 평성은 '말(馬)'-형으로, 상성과 거성은 대부분 '말(語)'-형으로, 입성은 '말(斗)'-형으로 대응하는 것으로 정리할 수 있다. 그런데 국어 한자음은 운율론적으로 고유어와 같은 위상을 가지므로, 한자음 성조의 대응 관계도 기본적으로[111] 위 (31)과 같다. 따라서 중고 한어-중세국어-동남방언의 한자음 성조 대응의 관계는 다음과 같이 정리될 수 있다.

---

110 김영만(1967ㄱ: 77), 伊藤智ゆき(1999: 104, 2007=이진호 역 2011ㄱ: 386, 390), 권인한(1997: 325-327, 2016: 25) 등 참고.
111 여기서 '기본적으로'라는 표현을 쓴 것은 성조체계가 분화한 이후에 방언별로 일어난 변화를 고려하지 않았기 때문이다.

(38)

중고 한어	중세국어	동남방언
평성	'말(馬)'-류(L)	'말(馬)'-류(H)
상성	'말(語)'-류(R)(소수는 '말(斗)'-류(H))	'말(語)'-류(R)/(Γ)(소수는 '말(斗)'-류(L))
거성	'말(語)'-류(R)(소수는 '말(斗)'-류(H))	'말(語)'-류(R)/(Γ)(소수는 '말(斗)'-류(L))
입성	'말(斗)'-류(H)	'말(斗)'-류(L)

　우선, 위와 같은 대응 관계는 국어 한자음이 형성된 시기의 국어에 성조가 운소로 존재했다는 의미로 해석되어 왔는데[112] 이는 논리적으로 타당하다고 본다. 한자음 형성 이후 성조가 새로이 운소로 발달했다고 보는 것보다는 당대의 국어가 당시 중국어의 성조체계를 받아들일 수 있는 운소체계를 갖추고 있었다고 보는 것이 더 합리적이기 때문이다. 아울러 《계림유사》에 사용된 한자의 성조가 중세국어의 성조와 일관된 대응 관계를 보인다는 연구 성과도 한자음 형성기의 국어가 성조를 운소로 갖고 있었다고 보는 관점을 지지하는 근거가 되어 왔다.[113]

　다음으로, 국어 한자음의 성조가 기본적으로 고유어의 그것과 같은 대응 관계를 유지한다는 사실은, (31)이나 (38)의 대응 관계를 초래한 성조체계의 분화가 적어도 국어 한자음이 정착된 이후에 일어난 것이라는 추론을 가능하게 한다. 만약 국어의 성조체계가 (31), 혹은 이와 유사한 모습으로 분화된 상태에서 한자음이 들어왔다면, 현재와 같은 대응 관계를 기대하기 어렵기 때문이다. 가령 중고 한어에서 평성인 '山'이 저조였다면, 국어 한자음으로 수용되면서 가장 가까운 음고로 수용되었을 테니, 당연히 저조로 수용되었을 것이다. 따라서 만약 국어의 성조체계가 (31)과 비슷

---

112 이기문(1972/1977: 151) 등 참조. 이 문제에 대해서는 1장에서 거론한 바 있다.
113 한편, 한어 성조와 국어 성조의 이러한 대응 관계는 전통 한자음이 9세기 초 이전의 한어를 바탕으로 형성되었다고 보는 관점의 근거가 된다. 한어의 사성은 9세기 중반 이후 음양으로 나뉘는데, 위의 대응 관계는 나뉘기 전, 즉 사성 체계의 상태로 이루어진 것이기 때문이다.

한 정도로 분화된 상태에서 한자음이 형성되었다면, 이 글자는 중세국어와 동북방언에서는 '말(馬)'-류(L)으로, 동남방언과 영동방언에서는 '말(斗)'-류(L)가 되어야 한다. 그러나 '山'의 국어 한자음 성조는 모든 성조체계에서 '말(馬)'-류로, 중세국어와 동북방언에서는 저조이고, 동남방언과 영동방언에서는 고조이다. 중세국어와 성조방언이 모두 고조와 저조의 대립을 가짐에도 불구하고 하나의 글자가 방언에 따라 정반대 음고로 수용된 것으로 봐야 하는 상황이 되는 것이다. 이러한 사실은 한자음 형성기에 이 글자가 단일 국어 성조체계에 한 부류의 성조형으로 수용·정착되었다가 그 뒤에 일어난 성조체계의 분화라는 큰 변화에 휩쓸린 결과 (31), (38)과 같은 상태가 되었다고 보는 것이 합리적임을 의미한다. 마찬가지로, 중고한음의 입성에 대해 중세국어가 고조로, 동남방언이 저조로 대응하는 현상, 상성과 거성의 분할 대응 양상이 중세국어와 동남방언에서 동일하다는 점 등도 단일 성조체계에서 하나의 성조로 수용되었다가 성조체계 분화 이후에 달라진 것으로 설명하는 것이 가장 자연스럽다.

그런데 (38)은 중고 한어와 중세국어 성조의 조류(調類, tonal class), 즉 성조형 부류 차원의 대응 관계를 보여줄 뿐, 그 자체로 음고 대립 관계까지 보여주지는 않는다. 운소사 기술의 처지에서 볼 때, 이 문제의 핵심은 한자음 형성기 국어의 성조체계가 몇 개의 성조형 부류를 가지고 있었으며 그 부류들은 각각 어떤 음고 대립 관계를 형성하고 있었는가 하는 것인데, 이 문제에 대한 답은 (38)의 대응 관계로만은 도출할 수가 없다는 것이다. 앞의 김완진(1973/1977)이 그러했듯이, 이 문제를 해결하기 위한 실마리는 중고 한어 성조의 조치(調值, tonal value)에서 찾을 수밖에 없다. 즉, 현재의 상황에서, 한자음 형성기 국어 성조체계의 모습을 추론적으로 기술하기 위해 기댈 수 있는 방법은 중고 한어와 중세국어 사이의 성조 대응 관계를 성조형 부류[조류]와 음고상의 소릿값[조치]의 두 차원에서 분석하는 것이다.

중고 한어 사성(四聲)의 조치에 대한 연구는 완전한 결론을 맺지 못한 상태라고 할 수 있다. 그러나 지금까지의 연구에서 상당한 정도의 의견 접근이 이루어진 부분도 있어서, 이들과 중세국어 한자음 성조의 대응 관계 등을 분석하면 한자음 형성기 국어의 성조체계에 대한 어느 정도의 정보를 얻을 수 있을 것으로 본다. (39)는 중고 한어 사성의 조치를 밝히고자 한 연구들 중에서, 국어 한자음 형성기와 가까우면서,[114] 성조에 대한 명확한 설명이 처음 나타나는 시기로 평가받는(Pulleyblank, 1978: 177), '후기 중고 한어(late middle Chinese)'를[115] 대상으로 한 연구들의[116] 주요 관점을 정리한 것이다.[117]

---

114 국어 한자음 형성기의 중국어, 즉 한국 한자음의 모태가 된 중국어가 어느 시대의 것이었는지에 대해서는 몇 가지 관점이 대립하고 있으나 여기서는 앞선 관점들을 종합적으로 검토하고 대안을 제시한, 비교적 최근의 伊藤智ゆき(2007=이진호 역 (2011ㄱ))나 魏國峰(2017)을 따라 당대(唐代) 장안음(長安音)설을 기반으로 논의를 전개하기로 한다. 특히 魏國峰(2017)은 중고 한어와 중세국어 성조의 대응 관계를 조치 차원에서 검토하였고, 그 결과를 국어 한자음의 모태음을 결정하는 기준의 하나로 삼았다.

115 전기 중고 한어와 후기 중고 한어의 구분은 Pulleyblank(1970, 1971, 1984 등)을 따른 것이다.

116 결국 여기에 포함된 연구들은 대상 시기와 근거 자료를 기준으로 선별된 것이라고 할 수 있다. 이들은 성조에 대한 문헌 기록과 범한 대역 자료(梵漢對譯資料), 현대 방언의 성조 등 다양한 근거 자료를 이용하였으나, 당대 중국어 성조의 음고에 대해 상당히 자세하게 기술한 것으로 평가되는 〈실담장(悉曇藏)〉(安然, 880)의 사성(四聲) 관련 증언을 가장 중요한 근거 자료로 삼고 있다는 공통점을 가진다. 7세기까지의 범한 대역(梵漢對譯) 자료를 조사하여 '평장측단(平長仄短)'설을 제기한 周法高(1948)와 일본 '한음' 성조 조류와 조치에 대한 Tsutomo Ray(1951)의 추론 체계(6성 체계)를 분석하여 그 '원-체계(proto- system)'를 밝히고자 한 Hashimoto(橋本萬太郎, 1966) 등이 제외된 것은 이러한 기준에 따른 것이다.

117 이 중에서 丁邦新(1998)의 관점은 최영애(2000: 293-297)를 참고하였다.

(39)

	평성	상성	거성	입성
Mei(1970)	장이저(長而低) 한 평조(平調)	단이고(短而高) 한 평조(平調)	좀 길게 끄는 성조 (점차 짧아지면서 高而升調로 접어듦.)	짧고 촉급(促急)한 단조(短調). 음고는 고조(확정 유보)
김완진(1973)	저조	상승조	상승조	고조
권재선(1974)	저조	고조	저곡(低曲)	
Pulleyblank(1978)	저조(평탄)	상승조(단음)	장음	단음
尉遲治平(1986)[118]	저평(低平), 저강(低降)	고평단(高平短)	전승장(全升長)	저평촉(低平促)
김영만(1986)	단음(평판조)	장음(상승조)	장음(하강조)	짧은 굴곡조
丁邦新(1998)	평조(음고는 비교적 낮고 길이는 보통)	고승조(高昇調) 길이는 보통	강조(降調) (조금 끄는 中降調) 길이는 보통	촉조(促調) (음고는 불명, 길이는 짧음.)
魏國峰(2017)	단음(저조)	장음	장음	

이 연구들 중에는, 중국어 성조의 조치를 구성하는 요소인 높이[高度]와 길이[長度], 조형(調形)을 함께 다룬 것도 있고, 일부만 언급한 것도 있어서 균일하고 통일성 있는 비교는 어려운 상황이다. 그럼에도 불구하고, 뚜렷한 견해의 일치를 보이는 부분도 있는데, '평성-저조', '거성-장음(굴곡조)', '입성-단음'이 그런 부분이다. 먼저, 평성이 수평의 저조라는 점은 〈실담장(悉曇藏)〉에서 '표(表)'의 평성(平聲)을 '직저(直低)'라고 묘사하고 나머지 세 사람에 대해서는 이 성조에 대한 언급이 없다는 점을 '완전한 일치'(김완진 1973/1977: 19)로 해석한 결과에다가, 이 성조의 소릿값에 대한 전통적 방식의 묘사들, 이후의 변화 과정 등을 보태어 해석한 결과이다.[119] 거성에 대

---

118 尉遲治平(1986:31)이 재구한 조치는 안연(安然)이 묘사한 네 사람 중 '표(表)'와 '김(金)'의 성조에 대한 내용을 중심으로 한 것이다.

119 Cheng(1973:103)에서는 중국의 737개 방언 성조체계를 대상으로 각 성조의 평균 높이를 측정하였는데, 그 결과 중고 한어 평성 대당 성조인 'Tone 1'이 다른 성조들에 비해 낮다는 점(평성-2.53, 상성-3.25, 거성-2.91, 입성-3.03)을 발견하고, 이를

해서는 '조형' 차원에서는 '상승'과 '하강'이 갈리지만 '길이' 차원에서 장음을 가지고 있었다는 데 대해서는 대부분 동의하고 있고, 입성에 대해서는 고조로 본 관점이 있으나 근거가 충분히 제시되지는 않은 반면, '단음'이라는 점에 대해서는 이견이 없는 듯하다. 이 세 성조 정도로 의견이 좁혀지지 않은 것이 상성인데, 이 성조의 조치에 대해서는 음고 상으로는 상승조설이 다소 우세하고, 길이에 대해서는 장음으로 본 관점도 있으나 단음으로 보거나 '보통 길이'로 본 관점이 우세한 형편이다.[120] 일단, 여기서 각 성조별로 '우세한 관점'을 받아들인다면, 한국 한자음이 형성된 시기의 중고음 평성은 저조, 상성은 상승조, 거성은 장음, 입성은 단음으로 볼 수 있다. 이와 같은 내용을 반영하여 (38)을 다시 정리하면 다음과 같다.

(40)

중고 한어		중세국어	동남방언
평성	저·단	'말(馬)'-류(L)	'말(馬)'-류(H)
상성	상승-(장/단)	'말(語)'-류(R)(소수는 '말(斗)'류(H))	'말(語)'-류(R)/(ᒉ)(소수는 '말(斗)'-류(L))
거성	굴곡·장	'말(語)'-류(R)(소수는 '말(斗)'-류(H))	'말(語)'-류(R)/(ᒉ))(소수는 '말(斗)'-류(L))
입성	(고)·단음	'말(斗)'-류(H)	'말(斗)'-류(L)

(40)은 한자음 형성기 국어 성조체계의 음고 대립 관계에 대한 추론을

Mei(1970)가 재구한 중고 한어 성조의 조치와 비교하여, 중고 한어에서 현대 방언으로의 성조 변화가 중고 한어의 음고 구별을 완전히 없앨 정도로 변한 것은 아니라는 것으로 해석하였다. 현대 중국 방언 성조체계들의 평성 대당 성조의 평균 음고 수치가 낮다는 사실을 중고 한어 평성이 저조였다는 점과 연계하여 해석한 것이다.
120 상성이 단음이었다는 것은 범어의 장음을 표기하는 데는 평성자가 쓰인 반면, 단음을 전사하는 데는 주로 상성자가 쓰였다는 사실을 근거로 한 것이다. 그런데 앞선 연구들을 참고하면, 중고음 성조의 길이는 중고음 시기 안에서 변화를 겪은 것으로 보이는데, 그 내용은 평성은 짧아지고, 거성은 길어지는 것이다. 平山久雄(1967, 이준환 옮김 2013ㄴ: 237)과 Pulleyblank(1978: 175) 참고.

가능하게 한다. 먼저, 평성의 자질인 '수평, 저-단'은 중세국어 '말(馬)'-류의 음고와 같다. 따라서 중고 한어의 평성에 중세국어가 '말(馬)'-류(저조)로 대응하는 것은 이 부류의 음고가 한자음 형성기에도 저조에 가까웠고, 이후 중세국어 시기까지 변화를 겪지 않았음을 말하는 것으로 해석할 수 있다. 한자음을 받아들이는 상황에서, 분절음과 마찬가지로 성조도 가장 가까운 소릿값을 가진 쪽을 대응시켰을 것이기 때문이다. 따라서 '평성(중고 한어) : 말(馬)-류(중세국어)'의 대응은 중고 한어의 저조를 국어의 저조로 받아들인 상태가 중세국어 시기까지 유지된 것으로 보는 것이 합리적이다. 상성은 상승이라는 굴곡 자질의 차원에서 중세국어의 '말(語)'-류와 공통적인 속성을 가진다고 할 수 있고, 거성은 굴곡조에다 장음이라는 점에서 중세국어의 '말(語)'-류와 그 소릿값 상의 공통점을 가진다. 그렇다면, 중고 한어의 상성과 거성 80% 이상이 중세국어의 '말(語)'-류에 대응하는 점은, 매우 복잡한 체계 변화를[121] 가정하지 않는 한, 한자음 형성기 국어에 중세국어의 '말(語)'-류에 해당하는 성조가 장음을 가진 상승조로 실현되었음을 의미하는 것으로 해석할 수 있다.[122] 이는 '말(語)'-류가 중세국어와 같은 음고를 가진 기간도 최소한 한자음 형성기까지 소급될 수 있음을 의미한다.[123] 마지막으로, 중고음 입성이 단음이었다는 점은 대부분의 연구자가 동의

---

[121] 예를 들면, 중고 한어의 상성과 거성이 각각 두 개의 굴곡조로, 혹은 하나의 굴곡조와 하나의 수평 장조로 수용되었다가 후기 중세국어로 오면서 각각의 80% 정도는 '말(語)'-류로 통합되고, 나머지는 '말(斗)'-류로 통합되는 것을 내용으로 하는 변화이다. 이러한 변화는 그 자체만으로도 큰 복잡성을 가지고 있을 뿐 아니라 방언 성조체계를 포함한 (40)의 대응 관계까지 고려하면 그 과정을 설명하기가 매우 어렵다.

[122] 이러한 추론은 당대 중고 한어의 상성이 상승조인 동시에 장음이었을 것이라는 추론으로 이어질 수도 있다.

[123] 이러한 해석은 중세국어의 '말(語)'-류인 '돌ㅎ(石)', '일(事)', '골(谷, 洞)', '별(星)' 등의 모음이 알타이제어의 장모음에 대응하며 이는 '원시한국어'에 기원적으로 일차적인 장모음이 존재했다는 점을 의미한다는 견해(김방한 1977: 20-22, 1978: 16-19)와도 부합한다.

하는 바이나, 그 음고 차원의 소릿값에 대해서는 '우세한 관점'을 결정하기가 쉽지 않다. 입성이 고조였을 것이라는 관점은 이 성조가 중세국어의 고조, 즉 '말(斗)'-류로 수용되었다는 사실과 부합하지만, 위에서 말한 대로, 충분히 입증되었다고 보기는 어렵다. 다만, 수평조 중 평성이 저조로서 '말(馬)'-류로 수용되었다면, 단음이면서 수평조인 입성이 다른 한 성조형인 '말(斗)'-류로 대응한 것은 자연스러운 과정이라고 할 수 있다.[124] 다만, 중고음 상성과 거성의 일부가 중세국어의 '말(斗)'-류에 대응하는 이유에 대해서는 (40)으로도 설명할 길이 없다. 이들은 굴곡조이거나 음장을 가진 글자의 일부가 단음인 '말(斗)'-류로 대응하고 있는 경우인데, 현재로서는 그 이유를 설명할 방법을 찾기 어렵다.[125]

이상과 같은, 중고 한어와 중세국어 성조체계 간 대응 관계의 검토 결과는 한자음 형성기 국어의 단일 성조체계가 중세국어의 그것과 상당히 유사했을 것이라는, 앞선 연구들의 관점과 같은 결론으로 이끈다. 앞에서도 말해 왔듯이, 이러한 결론은 입증이 어려운 중고 한어 성조의 조치에 대한 연구 결과를 근거로 하고 있다는 점에서 아직은 추론에 의존한 가설에 불과하다. 다만, 이러한 결론이 앞장에서 거론했던 차자표기 자료, 《계림유사》와 《조선관역어》 등에 대한 성조론적 연구 성과와 대체로 일치한다는 점을 감안하면, 현재의 상황에서 우리가 내릴 수 있는 고대국어 시기 운소체계의 잠정적인 모습이라고 할 수 있다.

---

124 한편, 첫음절이 폐음절인 외래어가 '말(斗)'-류로 수용되는 경향이 강하다는 사실(Kenstowicz, M. & Sohn, H-S(2001: 244-245), 박숙희(2008:46-47) 등 참고)은 중고 한어 입성이 중세국어의 고조로 수용된 것이 음절 구조 차원의 변수에 의한 것일 가능성을 보여주기도 한다.
125 이 문제에 대해서는 김영만(1986)에서 초성 자음 및 모음 자질이 영향을 미쳤을 가능성을 제기하였고, 伊藤智ゆき(2007=이진호 역(2011ㄱ))에서 이를 여러 기준으로 검토하여, 초성이 유기음일 경우 '말(斗)'-류로 수용되는 비율이 높아지는 경향이 있다는 점과 그밖에 다른 경향성을 검토하였다.

이상의 논의는 국어 한자음이 형성된 시기에는 '말(馬)-저, 말(斗)-고, 말(語)-상승조'에 가까운 성조체계가 존재했을 것이라는 내용으로 요약된다.[126] 즉, 고대국어 시기에 성조체계가 단일 운소체계로 존재했었고, 이 체계를 바탕으로 국어 한자음의 성조가 결정됨으로써 한자어 형태소가 운율적으로 고유어와 같은 위상을 가지게 되었다는 것이다. 이렇게 볼 때, (31) 및 (38)과 같은 대응 관계를 초래한 성조체계 분화의 중심 내용은 동남·영동 체계가 '말(馬)-저, 말(斗)-고'에서 '말(馬)-고, 말(斗)-저' 체계로 바뀐 것이라고 할 수 있다. 앞선 연구들에 의해 '성조상의 일대 추이'(김완진 1973/1977: 18-19)나 '악센트 추이'(Ramsey 1978: 80), '남부방언의 변화'(김차균 1999ㄴ: 1306)로 지적된 바 있는 이러한 국어 성조사의 큰 변화는 그 시기를 '국어 한자음 형성 이후 15세기 중엽 이전의 어느 시점' 정도 이상으로 특정하기 어려우나, 체계 분화라는 통시적 사건의 존재 자체는 한자음 성조의 대응 관계를 바탕으로 한 합리적인 추론의 결과라고 할 수 있다.

3.3. 운소 변천의 주요 내용

고대국어 시기, 적어도 한자음 형성기까지는 '말(馬)-저, 말(斗)-고, 말(語)-상승조'에 가까운 성조체계가 존재했다는 앞의 추론을 바탕으로 할 때, 국

---

126 이 가설은 한자음 형성기에 이와 같은 단일 성조체계가 존재했을 것이라는 추론을 담고 있을 뿐, 그 이전의 운소사에 대한 어떤 사실도 함축하고 있지 않다. 아울러, 이 시기에 한반도에 존재했던 모든 방언이 이 단일 성조체계를 가지고 있었다는 주장을 함축하지도 않는다. 앞선 연구들 중에는 한국어의 역사에서 성조를 비롯한 운율 요소가 변별력을 발휘하지 못한 시기가 있었음을 입증하려고 한 것들이 있는데(Ramsey 1991: 237, 김성규 2009: 23 참조.) 앞으로 이 방향의 연구가 긍정적인 결과를 얻게 된다면, 여기서 가정한 고대국어의 단일 성조체계 역시 역사적 변화의 산물로 볼 수밖에 없다.

어 운소 변천사의 큰 흐름은 이 체계로부터 현재에 이르기까지의 과정에 관한 내용을 중심으로 기술될 수 있다. 이 내용을 대체적인 순서에 따라 나열해 보면 다음과 같은 정도로 정리된다.

(41) ㄱ) 성조체계의 남북 분화

ㄴ) 성조체계의 단순화와 '말(馬)-류 성조형'의 비중 확대

ㄷ) 성조의 비음화와 음장체계로의 전환

ㄹ) 음장의 비음화

ㅁ) 비변별적 음고형 체계의 형성

이 항목들은 모두 국어 운소사의 거시적인 흐름을 이루는 큰 변화들이다. (41)의 ㄱ)은 단일 성조체계로부터 중세·동북 체계와 동남·영동 체계가 나누어짐으로써 (31)과 같은 대응 관계의 기반이 마련된 변화이다. 그리고 ㄴ)은 개별 성조체계들이 거쳐 왔거나 거치고 있는 변화 경향이지만, 이 역시 다음 단계로의 변화와 밀접하게 연결되어 있다는 점에서 운소 변화의 주요 항목으로 거론되어야 할 것으로 본다. ㄹ)~ㅁ)은 중세국어의 성조체계와 이 체계를 물려받은 중·서부지역 여러 방언의 운소체계가 겪거나 겪고 있는 변화들로서 모두가 국어 운소사의 주요 내용으로 다루어져야 할 것들이다.

성조체계의 남북 분화

국어 운소사의 가장 큰 변화 중 하나는 성조체계가 남북의 두 체계로 분화된 것으로, '말(馬)-저, 말(斗)-고' 단일 체계에서 '말(馬)-고, 말(斗)-저' 체계가 분화해 나간 것을 말한다. 앞에서도 말했듯이, 이 변화는 국어 한자음 형성기 이후의 어느 시점에 동남방언과 영동방언의 '말(馬)-류 및 '말(斗)-류가 각각 '저조형'에서 '고조형'으로, '고조형'에서 '저조형'으로의 변화를

겪은 것을 내용으로 한다. 이 변화와 관련된 더 구체적인 사항, 즉 이 변화의 원인이나 동기, 그리고 변화가 일어난 정확한 시점 등에 대해서는 명확한 결론을 제시하기 어렵다. 이 문제에 대해서는, 동남방언의 성조체계가 현재의 동북방언과 유사한 '원 한국어 악센트 체계(proto-Korean accent system)'로부터 '악센트 추이'를 겪은 결과라고 본 관점(Ramsey, 1974: 116, 1978: 80), 중세국어의 '어말 평성화'와 이것으로 인해 어두 쪽을 향해 진행된 '시-쇼 운동'식 고저 변화가 동남방언 성조체계로의 변화로 이어진 것으로 본 관점(정연찬 1971, 1974: 8장), 모든 방언 성조체계를 중세국어 성조체계로부터 '최후 고조의 저조화'가 진행된 정도 및 '예기 발음(anticipated pronunciation)', 첫음절의 단모음화 여부 등으로 설명한 관점(김주원 2000: 98-109)이 나와 있다. 변화의 동기와 관련해서는 몇 가지 가설이, 그 시점과 관련해서는 중세국어 이전과 이후라는 두 견해가 제시되어 있는 셈이다.

먼저, 성조체계 분화의 동기에 대한 위의 가설들은 모두 부분적인 설명력을 갖추었으나 (31)과 같은 대응 관계 전체를 일관성 있게 설명하지는 못한 것으로 보인다. '악센트 추이' 가설은 '하늘이[HLL](동남)〈[LHL](동북)'나 '까마귀[LHL](동남)〈[LLH](동북)'와 같은 일부 '말(馬)-류 성조형 외의 나머지 성조형에 대해서는 합리적인 설명을 제시하기 어려우며, '어말 평성화'와 어간 음고의 '시-쇼'식 뒤바뀜 가설도 현재의 동남방언의 성조형들을 모두 설명해내기는 어렵다. 무엇보다도, 이 관점들은 중세국어와 방언 성조들 사이의 관계를 모두 표면 성조형의 차원에서만 비교하고 있다는 점에서 공통적인데, 앞에서 논의해 왔듯이 국어 성조체계 간의 대응 관계는 형태소와 단어, 그리고 어절의 기저 성조형 차원에서 형성된 것이어서, 표면 성조형 간의 차이를 통시적 변화에 대한 설명의 직접적인 근거로 삼아서는 올바른 결론을 도출하기 어렵다. 표면 성조형은 모든 방언이 공통적으로 가지는 성조형 결합 규칙과 개별 방언이 가지는 성조형 실현 규칙이 함께 적용된 결과이기 때문이다. 예를 들어, 중세국어와 동북방언에서 '가마괴(까마귀)[LLH]'는 저조형으로, 그 첫 두 음절은 기저 층위에서부터 저조이지만, 동남방언의 '까마귀[LHL]'는 고조형으로, 그 첫음절 저조는 기저 고조가 '까마귀/HHL/→[LHL]'라는, 음고 조정을 내용으로 하는 성조형 실현 규칙의 적용을 받은 결과이다.

(42) ㄱ) 그{H}+집{H}→/HH/→[LH]

먹-{H}+-더-{H}+-라{L}→/HHL/→[LHL]

ㄴ) 그{H}+까마귀{HHL}→/HHHL/→[LLHL]

(42)의 ㄱ)은 동남방언에, 고조 연속체의 마지막 고조만 남기고 나머지는 모두 저조로 실현시키는 성조형 실현 규칙이 존재한다는 점을 보여주고, ㄴ)은 '그{H}'의 고조가 저조로 바뀌는 것으로 보아 '까마귀[LHL]'의 첫음절도 음운론적으로는 '집'이나 '-더-'와 같이 고조라는 점을 보여 준다. 즉, 동남방언의 '까마귀'의 성조형은 중세국어나 동북방언과는 달리 고조형이라는 것이다. 그러므로 동남방언의 '까마귀[LHL]'와 중세국어 및 동북방언의 '까마귀[LLH]'는 고조가 어느 음절에 놓이는가 하는 정도의 차이가 아니라, 각각 고조형(동남방언)과 저조형(중세국어, 동북방언)이라는 점에서 정반대의 소릿값을 가진 것으로 봐야 한다. 마찬가지로, '말(斗)-류 역시 중세국어나 동북방언에서는 고조형인 반면, 동남방언에서는 저조형이라는 점에서 이들의 관계를 단순한 고조의 위치 이동이나 어말 저조화의 정도, 어간부 음고의 음절별 '시-쇼' 운동 등으로는 설명하기가 어렵다.

다음으로, 성조체계의 분화가 일어난 시점과 관련해서는, (31)의 대응 관계만 가지고는 중세국어 이전인지 이후인지 결론을 내기가 쉽지 않다. 단일 성조체계가 중세국어의 성조체계에 가까운 모습이었다고 보는 관점에서는, 분화의 출발점을 중세 이전의 단일 성조체계로 잡든 중세국어로 잡든 설명력의 차이가 있을 수 없기 때문이다. 대응 관계가 성립하는 이상, 어느 체계를 분화의 출발점으로 잡아도 그 내용을 기술하는 것은 가능한 것이다. 체계 분화 과정의 설명을 위해 제안된 위의 몇 가설들도 현재의 대응 관계를 체계 변화의 내용으로 변환시킨 정도일 뿐 그 분화의 출발점이 중세국어 이전의 '원-한국어 성조체계'인지 중세국어의 성조체계인지를 적극적으로 논의하지는 않았다.

그런데 방점 표기를 통해 확인할 수 있는 중세국어 성조의 마지막 모습은 동남방언을 비롯한 현대 방언들의 성조체계가 중세국어로부터 직접 분화되어 나온 것이라고 보기 어렵게 만든다. 앞의 2.1.에서도 살핀 바 있거니와, 방점 표기 기간 안에 확인할 수 있는 중세국어 성조체계의 가장 큰 변화는 어미부 성조의 혼란 혹은 '성조형 실현 규칙의 임의화'이다. 즉, 이전 시기까지는 한 어절의 성조형, 특히 고조 연속체의 성조 실현을 관장하는 성조형 실현 규칙이 엄격히 적용되어 '어간부+어미부'로 이루어진 어절의 성조형이 예측 가능한 모습으로 실현되었으나, 차츰 이 성조형 실현 규칙이 임의화되는 방향으로의 변화를 겪음으로써 어미부 각 음절이 저조나 고조 중 하나로 임의적으로 실현되는 양상을 보이게 되었다. 그런데 강릉방언 등 일부 영동방언을 제외한 나머지 방언, 특히 동남방언의 경우 현재까지도 16세기 국어의 모습과 같은 정도의 어미부 성조의 혼란은 나타나지 않고 있다. 즉, 동남방언에서는 한 어절의 첫음절 음고만 확인하면 그 표면 성조형 전체를 예측할 수 있을 정도의 규칙성이 유지되고 있다. 2.1.의 중세국어 성조의 변화에서 들었던 '말(語)'-류 어절의 예를 다시 가져와 동남방언의 경우와 대조하면서 이 상황을 살펴보기로 한다. 다음은 중세국어와 경북방언에서 상승조(R)로 시작하는 '말(語)'-류 3음절 어절(/RX²/)의 표면 성조형을 비교한 것이다.

(43)

어절 성조형	표면 성조형		
	《석보상절》	《소학언해》	대구방언
사람이/RX²/	[RLH]	[RLH]~[RLL]~[RHL]~[RHH]	[RHL]

《석보상절》과 대구방언에서는 '사람이'의 표면 성조형이 각각 [RLH]와 [RHL]로 고정되어 있는 데 반해, 《소학언해》에서는 첫음절을 제외한 나머지 두 음절의 음고는 임의적이어서 위의 네 가지 표면 성조형이 다 나타난다. 이러한 차이는 비어두 음절의 음고를 포함한 표면 성조형의 실현을 관장하는, '성조형 실현 규칙'의 존재 유무에 딸린 것인데, 《소학언해》 시대의 중부방언에서는 이 규칙이 힘을 잃은 반면, 대구방언은 《석보상절》의 경우와 같은 정도의 힘을 가진 상태로 유지되고 있다는 것이다. 여기서 《석보상절》([RLH])과 대구방언([RHL])의 표면 성조형이 다른 것은 성조형 실현 규칙의 내용 차이 때문인데, 그 정도가 대구방언([RHL])과 울진방언 ([RLL])의 차이와 다르지 않다.

현대의 성조방언들은 대부분 표면 성조형의 실현을 관장하는 규칙을 유지하고 있는데, 위 (31)에 제시된 성조방언의 표면 성조형들은 모두 개별 방언들에 존재하는 성조형 실현 규칙의 적용을 받은 것이다. 이러한 상황을 고려하면, 방점 표기 기간 안에 나타난 중세국어 성조의 변화가 진척된 상태가 곧 동남방언의 성조체계라는 가설은 설득력을 가지기 어렵다. 아울러 성조체계의 남북 분화도 15세기 국어 이후가 아닌, 고대국어와 15세기 국어 사이 어느 시점에 이루어진 것으로 보는 것이 더 합리적이다. 성조형 실현 규칙이 임의화된, 중세국어 성조체계의 마지막 상태로부터 현대 방언 성조체계들로의 변화 과정을 자연스럽게 설명해 낼 방법이 없기 때문이다.

요컨대, 성조체계 남북 분화와 관련하여 국어 운소사에서 기술할 수 있는 내용은, 한자음 형성기까지 존재했던 단일 성조체계가 15세기 중엽 이전 어느 시점에 중세·동북 체계와 동남·영동 체계의 둘로 크게 분화되었다는 점, 그리고 이 분화는 '동남·영동 체계'가 '말(馬)'-류는 저조형에서 고조형으로, '말(斗)'-류는 고조형에서 저조형으로 바뀌는, 소릿값의 역전을 주된 내용으로 하는 변화를 겪은 것이라는 점 정도라고 할 수 있다.[127]

성조체계의 단순화와 '말(馬)'-류 성조형의 비중 확대

이들은 성조체계 내부에서 일어난 변화의 주된 방향성과 관련된 항목들이다. 먼저, '성조체계의 단순화'는 (31)의 대응 관계를 바탕으로 추출할 수 있는, 현대 성조방언들이 겪은 체계 변천의 방향 중 하나이다. 즉, 중세국어와 유사한 성조체계를 단일 운소체계로 상정해 놓고 (31)에 정리된 개별 성조체계를 대비할 때, 방언 성조체계들이 겪은 주된 변화 경향은 '체계의 단순화'라고 할 수 있다는 것이다.[128]

먼저, 대부분의 동북방언은 '말(語)'-류가 '말(斗)'-류에 합류됨으로써 3음고-3성조형 체계에서 2음고-2성조형 체계로의 변화가 완성된 상태이다. 앞에서 살핀 대로, 같은 방언권 내에 존재하는 소수의 3음고-3성조형 체계와 비교할 때, 상승조(R)와 상승조형('말(語)'-형)이 각각 고조(H)와 고조형

---

127 이처럼 음가가 역전적으로 바뀌는 체계 변화의 상황이 매우 극적으로 보이지만, 성조의 경우에는 충분히 일어날 수 있는 일이다. 중국어의 방언들이 가지는 성조의 조치들을 비교해 보면 성조의 음고 대립이 얼마나 다양한 방향으로 변화할 수 있는지 알 수 있다. 예를 들어, 톈진(天津)방언은 표준 중국어와 북경방언과 같이 4 성조 체계를 가지고 있지만 그 조치는 큰 차이가 있어서, 음평(陰平, 11)은 음고가 북경방언(55)과 거의 정반대이며, 양평(陽平, 55)은 수평조여서 북경방언의 상승조(35)와는 큰 차이를 보인다(이옥주 2018: 145-146 참고). 중국어 방언 성조의 음고 대립 체계에 대해서는 北京大學中國語言文學系 語言學教研室 編(1985/1989(2판))을 참고할 수 있다.

128 성조체계의 단순화 경향과 관련해서는, 이미 김차균(1999ㄴ: 14장)에서 '삼단 체계〉이단 체계', '삼성조 체계〉이성조 체계'로 지적한 바 있는데, 이 연구에서는 이 경향을 '비성조체계로의 변천' 과정으로 보았다.

('말(斗)'-형)에 합류된 모습을 보이고,[129] '상승조형~저조형(말(語)~말(馬))' 복수 기저형 어간이 '고조형~저조형(말(斗)~말(馬))' 복수 기저형 어간으로 대응하는 점[130] 등으로 볼 때, 대부분의 동북방언이 가진 2음고-2성조형 체계는 3음고-3성조형 체계로부터 체계 단순화의 과정을 겪은 결과라고 볼 수 있다.

이와 같은 성조형 합류에 의한 체계 단순화는 서남부 경남방언과 강원 영동방언에도 나타난다. 2장에서 언급했듯이, 서남부 경남방언권에 속하는 진주방언은 3음절 이상 '말(語)'-류 의 성조형(최저조형)이, 그리고 강원 영동방언은 2음절 이상 '말(斗)'-류 성조형(저조형)이 '말(馬)'-류 성조형(고조형)에 합류되었다. 따라서 이들 방언도 부분적인 성조형 합류에 의해 체계의 단순화를 겪고 있는 것으로 볼 수 있다.

(44)

부류	경남방언		영동방언
	창원	진주	
(말(馬)류) 바람이다	HHLX[LHLL]		HHLX[LHLL]
(말(斗)류) 구름이다	LX³[HHLL]		**HHLX[LHLL]**
(말(語)류) 사람이다	ΓX³ [ΓHHL]	HHLX [LHLL]	RX³ [RHLL]~[RLLL](강릉), [RLLL](삼척)

위에서 보듯이, 서남부 경남방언은 동북방언과 같이 '말(語)'-류 성조형이 합류의 대상이 된 반면, 영동방언은 '말(斗)'-류 성조형이 그 대상이 되었다는 점이 특이하다. 그러나 합류의 방향은 둘 다 '말(馬)'-류 성조형이라는

---

129 (31)의 대응 관계표를 가지고 보자면, 3-성조형 체계에서 '/RX³[RLLL]'인 '사람이다' 가 '/HX²/[HLLL]'가 되어 '구름이다'의 성조형과 구별되지 않게 된 상태이다.

130 3-성조형 체계에서 '/RX/[RL]~/LH/[LH]로 활용하는 '감-(縛)'류가 '감네/HX/[HL]~감아/LH/[LH]'로 활용하게 된 상태이다.

점, 그 중에서도 표면 성조형이 '둘째 음절이 고조이고 나머지 음절은 모두 저조'인 형([LHL₀])이라는 점은 같다. 결과적으로 서남부 경남방언과 영동 방언에서는 다른 방언에 비해 '말(馬)-류 성조형 중에서 둘째 음절이 고조인 성조형의 비중이 커지게 된 것으로 볼 수 있다.

서남부 경남방언과 영동방언에 나타나는 성조형 합류 현상은 동북방언이 겪은 것과 같이 하나의 성조형 부류가 완전히 없어진 것이 아니라는 점에서 부분적이라고 할 수 있다. 2장에서 살폈듯이, 서남부 경남방언의 경우, 1 음절어와 2 음절 어절은 각각 최저조형('말(語)'-류)을 유지하고 있고, 영동방언은 1음절 체언 및 용언 어간은 형태소 성조형 상으로는 독자적인 성조형 부류를 유지하고 있는 것으로 볼 수 있기 때문이다. 그러나 표면 성조형 차원에서 보면 서남부 경남방언의 '말(語)'-류 성조형(최저조형)은 2 음절 이하 어절에서만 명맥을 유지하고 있다는 점에서 그 비중이 매우 약화된 상태이고, 영동방언의 '말(斗)'-류 성조형(저조형)은 거의 없어진 상태라고 봐야 할 정도여서, 이들 방언에서의 성조형 단순화도 실질적으로는 동북방언의 그것에 버금갈 정도라고 할 수 있다. 특히 영동방언에는 이전의 '말(斗)'-류처럼 첫 두 음절의 음고가 같은 표면 성조형, 즉 '[LL]~[HH](구름), [HHL](구름이), [HHLL](구름이다)…' 등은 전혀 나타나지 않게 되었다는 점[131]에서 표면적으로는 '말(斗)'-류 성조형(저조형)은 존재하지 않는다고 할 수 있다. 요컨대, 서남부 경남방언은 '말(馬)'-류와 '말(斗)'-류의 2 성조형 체계로, 영동방언은 '말(馬)'-류와 '말(語)'-류의 2-성조형 체계로의 단순화가 상당히 진행된 상태라고 할 수 있다.

한편 어두 장단 대립의 소멸 경향에 수반하여 나타나는 '말(語)'-류 성조형의 변화는 현재 진행 중인 성조체계 단순화의 대표적인 현상이다. 홍미

---

131 이들은 각각 '구름[LH], 구름이[LHL], 구름이다[LHLL]'로 실현되어, '말(馬)'-류와 구별되지 않는다.

로운 점은, 이 부류의 변화는 표면 성조형의 차이에 따라 그 방향이 다르다는 것이다. 예를 들어, 대구방언을 비롯한 경북의 내륙 지역 방언에서는 '말(語)이라도'가 첫음절 단음화로 인해 '[RHLL]〉[HHLL]'를 겪음으로써 '말(斗)이라도'와 구별되지 않는 쪽으로 변해가고 있는 반면, 울진방언 등 동해안 지역의 방언에서는 '말(語)이라도'가 '[RLLL]〉[HLLL]'에 의해 '말(馬)이라도'와 구별되지 않는 쪽으로 변해가고 있다. 이 경우, 첫음절의 장단 대립의 소멸에 기인하는 '말(語)-류' 성조형의 변화 방향은 표면 성조형의 둘째 음절이 고조인가 저조인가에 따라 결정된다고 할 수 있는 것이다. 따라서 '말(語)-류 성조형'이 [RLₒ]로 실현되기도 하고 [RHLₒ]로 실현되기도 하는 강릉방언의 경우 어두 장단 대립이 약해지면서, 이 성조형이 [HLₒ]로 바뀌기도 하고 [HHLₒ]로 바뀌기도 하는 현상이 나타나고 있다. 그리고 '말(語)-류 성조형'이 경북 동해안 지역과 같은 [RLₒ]로 실현되는 동북의 길주방언 등도 이 변화에 휩쓸리게 되면 [HLₒ]로 바뀔 가능성이 높은데, 다만 동북 방언의 경우 변화 결과인 [HLₒ]는 '말(馬)-류'가 아닌 '말(斗)-류'라는 점이다. 어두 장단 대립의 소멸에 수반한 '말(語)-류 성조형의 변화가 완성되면 모든 성조체계는 동북방언과 같이 고조와 저조의 두 음고, '말(馬)-류와 '말(斗)'-류 성조형만을 가진 체계로 단순화될 것으로 예상할 수 있다.

성조체계 변천의 또 다른 방향 중 하나는 '말(馬)'-류의 비중이 확대되는 경향이다. 중세국어와 현대 방언의 성조형들은 그들이 속한 성조체계 내에서 서로 음운론적 대립 관계를 유지하면서 변별 기능을 수행한다. 따라서 이들 사이의 우열 관계를 따지거나 이들 중 더 기본적인 것, 더 무표적인 것을 따질 음운론적 기준은 없다. 그런데 운소로서의 성조형이 가지는 이런 기본적인 성격에도 불구하고, 국어 성조론에는 세 성조형 중 '말(馬)'-류가 선호되는 경향이 뚜렷이 나타난다. 중세국어와 성조방언들에 나타나는 성조형 변동의 상당수가 '말(馬)'-류 되기를 목표로 한다는 점,[132] 상징어나 성씨 한자음과 같은 일부 어휘군에 나타나는 '말(馬)'-류 편향성 등이 이러한 판단의 근거가 된다.[133] 그런데 이러한 '말(馬)'-류 선호 경향은 국어 성조체계의 통시적 변화의 한 방향이 됨으로써, 이 부류의 비중이 커지는 결과를 낳게 했다. 먼저, '말(馬)'-류의 비중 확대 경향은 중세국어의 세 가지 '말(馬)'-류 성조형 되기 변동의 대상 범위가 현대 성조방언에서 현저히 넓어진 현상을 통해 확인된다. 예를 들어, 합성명사가 형성될 때 나타나는 '말(馬)'-류 되기(예: 손{H}+목{L}→손목[LL])의 경우, 중세국어에서는 '귀, 눈, 발, 손, 입'과 같은 일부 '말(斗)'-류 1음절 명사만을 대상으로 하였으나 현대 동남방언에서는 그 대상이 훨씬 넓어졌다. 다음은 대구방언 자료이다.

(45) ㄱ) 발등/HH/[LH](←발{L}+등{H}), 손등더리/HHHL/[LLHL](←손{L}+등더리(背){HHL})

ㄴ) 바지저구리/HHHL/[LLLHL](←바지{HL}+저구리{HHL}), 짐칫국/HHH/[LLH](짐치(김치){HL}+국{H})

ㄷ) 감나무/HHH/[LLH](←감{R}+나무{H2}), 담배꽁초/HHHL/[LLHL](←담배{RX}+꽁초{HL})

(45)는 합성명사가 형성될 때 나타나는 '말(馬)'-류 되기에 '발, 손과 같은' 말(斗)-형 1음절 명사(ㄱ) 외에, '바지{HL}, 감{R}, 담배{RX}' 등과 같은 부류(ㄴ, ㄷ)까지 참여하고 있음을 보여준다. 이러한 경향은 모든 성조방언에서 확인할 수 있는데, 특히 함경방언은 대상 성조형의 형태론적 범위와 환경 조건을 따로 언급할 필요가 없을 정도로 이 변동이 광범위하게 일어나고 있는 것으로 보고되고 있다.[134]

---

132 앞에서 들었던 조사 '에' 앞, 사·피동 접사 앞의 '말(馬)'-류 되기 외에 합성명사 형성 과정에서 나타나는 '말(馬)'-류 되기 등이 그 보기이다.

133 국어 성조체계의 '말(馬)'-류 선호 경향에 대해서는 이문규(2018)에서 논의하였다.

134 김차균(1998: 492-496, 1999ㄴ:89-90), 박진혁(2014: 96-100) 등에 이러한 지적과 자

마찬가지로, 앞의 (33)에서 제시했던 조사 '에' 앞 '말(斗)'-류 1음절 명사의 '말(馬)'-류 되기와 (36)에서 제시했던 사·피동사 어간의 '말(馬)'-류 되기도 중세국어에 비해 현대 성조방언에서 그 대상이 현저하게 확대된 모습을 보여준다.[135] 이 세 가지 '말(馬)'-류 되기 현상은 그 자체로는 세 성조형 중에서 '말(馬)'-류 성조형이 선호되는 경향이 있음을 보여주는 것으로 해석될 수 있거니와, 현대로 오면서 이 현상들의 적용을 받는 대상의 범위가 넓어지고 있다는 것은 '말(馬)'-류의 비중이 그만큼 확대되고 있음을 보이는 것으로 볼 수 있다.

'말(馬)'-류 성조형의 비중 확대 경향은 중세국어와 현대 성조방언의 한자음 성조의 비교를 통해서도 확인된다. 다음은 김차균(1980: 92)에서 《훈몽자회》의 비입성 한자음 862자가 창원방언에서 어떤 성조형으로 실현되는지 조사한 결과이다.

(46)[136]

	L	M	H	-H	M/H	L/H	L/-H	M/-H	H/-H	L/H/-H	M/H/-H	계
상성	155	12	117	20	4	15	2	1	4	0	1	331
거성	20	28	30	11	1	2	1	1	0	0	0	94
평성	61	21	315	9	5	19	1	1	4	1	0	437
계	236	61	462	10	10	36	4	3	8	1	1	862

위 표에는 《훈몽자회》에서 상성(R, 말(語)-류 성조형)이었던 한자나 거성(H,

료가 나타난다.

135 '말(馬)'-류 되기의 대상 범위 확대에 대한 더 상세한 내용은 이문규(2017/2018: 180-187)로 돌린다.

136 '-H'는 'H'가 아닌 성조, 즉 'L', 'M' 중 하나인데 어느 쪽인지 판단할 수 없는 경우를 표시하고, '/'은 복수 성조형을 표시한다. 그리고 이 표의 'L, M, H'는 필자의 기호로는 각각 'Γ(최저조, 말(語)-형), L(저조, 말(斗)-형), H(고조, 말(馬)-형)에 해당한다.

말(斗)-류 성조형)이었던 한자가 창원방언에서, 일반적인 대응 관계에 맞게, 각각 저조(L, 말(語)-류 성조형)와 중조(M, 말(斗)-류 성조형)로 실현되는 경우 외에, 고조(H, 말(馬)-류 성조형)에 대응하는 경우가 현저하게 많아졌음이 잘 드러난다. 다시 말해, 《훈몽자회》에서 '말(語)'-류와 '말(斗)'-류에 속했던 많은 수의 한자가 '말(馬)'-류로 바뀐 것이다. 반대로 '말(馬)'-류였던 것이 '말(語)'-류나 '말(斗)'-류로 바뀐 한자도 있지만 그 비율은 훨씬 낮다. 이러한 양상은 두 시기의 성조형들 사이의 전체적인 비중 관계를 비교해 보면 더 잘 드러난다. 창원방언 쪽에서 '고조(H)가 아닌 성조형' '-H'와 복수 성조형인 한자를 제외한 759개만을 가지고 단순 비교하면, 《훈몽자회》에서 약 51%였던 평성(말(馬)-류 성조형)은 창원방언에서는 약 61%가 되었다. 이 부류의 비율이 10% 정도 커졌다는 말인데, 이 정도의 변화는 나머지 '-H'나 복수 성조형으로 실현되는 한자음의 수에 나타나는 비중 변화에도 평행적으로 나타난다. 물론, (46)의 수치가 한자음 성조형의 비중 관계와 그것의 변화 양상을 전면적으로 보여주는 것은 아니다. 제한된 수의 한자만을 대상으로 조사된 대응 관계이고 세부적으로는 개별 한자음의 방언 성조형이 방언이나 개인에 따라 다를 수 있다는 등의 변수가 있기 때문이다. 그러나 위의 대응 관계표는 《훈몽자회》로부터 1980년대 창원방언 사이에 일어난 한자음 성조형 비중 관계의 변화 경향 중 하나를 보여주기에 충분하며, 그것은 바로 '말(馬)-류 성조형의 비중 확대'로 요약된다.

한편, 위에서 논의하였던 성조체계 단순화 중에서 서남부 경남방언의 '말(語)'-류 3음절 이상 어절이 '말(馬)'-류로 합류한 것이나 영동방언의 '말(斗)'-류 2음절 이상 어절이 '말(馬)'-류로 합류되는 현상도 결국은 '말(馬)'-류 성조형의 비중 확대 경향에 포함되는 통시적 현상이라고 할 수 있다. 이러한 합류의 결과는 '말(馬)'-류 성조형으로 실현되는 어절의 증가를 의미하고, 이는 다시 형태소 성조형 체계에서 '말(馬)'-류의 세력이 확대되는 쪽으로의 변화를 이끌 것이기 때문이다.[137]

성조의 비음운화와 음장체계로의 전환

중세국어의 성조체계는 한반도의 중·서부 지역 여러 방언에서 비음운화되고 대신 음장체계가 그 지위를 이어받았다. 그런데 국어 운소의 역사에서 가장 역동적인 변화라고 할 수 있는 이 과정의 전모를 구체적으로 기술하기는 어렵다. 앞에서 말한 대로, 16세기 말까지 중세국어의 성조체계가 성조형 실현 규칙의 임의화로 인해 '어미부' 즉, 어절 내 비변별 위치 음고의 실현이 예측 불가능한 상태로 바뀐 것을 방점 표기로 확인할 수 있고, 19세기 후반에 와서야 음장의 변별력을 인정한 언어학적 관찰과 기술, 음장 대립을 전제로 할 때 설명 가능한 음운 현상을 확인할 수 있는 정도여서[138] 그 사이의 변화 과정을 알 수 있는 자료가 없기 때문이다.[139]

성조체계로부터 음장체계로의 변화와 관련하여 우리가 기술할 수 있는 내용은 중세국어의 성조체계와 현대 중부방언의 음장체계 사이에 형성되

---

137 '말(馬)'-류 성조형의 비중이 커지는 현상에 대해서는 김차균(1999ㄴ: 1313-1325)에서 이미 많은 자료와 함께 설명하였고, 김주원(2000, 2003) 등에서도 지적한 바 있다. 김주원(2000: 110, 2003: 260)에서는 이 현상을 국어의 성조형이 '뜀틀형'에서 '봉우리형'으로 점차 발달하는 경향으로 파악했다.

138 이병근(1976: 4-6), 전광현(1997: 41-42), 정승철(1999:33-38) 등 참고. 이병근(1976: 4-6)은 〈Grammaire coréenne〉(1881, Yokohama, 18쪽)에 장단 대립에 의한 최소변별쌍과 장음을 표시한 단어들이 제시된 것이 이 시기에 음장이 운소로 기능했음을 확인해 주는 것으로 보았고, 19세기 후반의 문헌에 나타나는, 장모음 'ㅓ'가 'ㅡ'로 바뀌는 현상을 바탕으로, 이 시기에 '음장이 시차적 자질로서 기능하며 그 자질에 의한 모음의 자연부류를 확인'할 수 있는 것으로 해석하였다. 이른 시기의 문법서로는 이봉운(1897)의 《국문정리》에 장단 구별에 대한 명확한 인식이 나타나고, 주시경(1909)의 〈고등국어문전〉에 '밤(夜)/밤(栗), 눈(眼)/눈(雪), 발(足)/발(簾), 장(市場)/장(醬), 종(鐘)/종(從)' 등의 최소 대립쌍이 포함된 장단 대립의 보기가 제시되었다. Hulbert(1905)에서도 '눈(雪):눈(眼)'과 같은 예를 들면서 당대의 한국어에 음장의 대립이 존재한다는 점, 장음이 단음보다 두 배 정도 길게 소리가 난다는 점을 지적하였다(김정우 역(1998:22) 참고).

139 중세국어에서 상성을 가졌던 '속(裏)', '온(全)'이 17세기 문헌에 각각 '소옥(어록 9)', '오온(가례 18)'으로 표기된 것을 상성이 음장으로 바뀐 보기로 들기도 한다(전광현 1997: 41-42).

어 있는 대응 관계 정도이다. 아래 (47)은 (31)로부터 중세국어와 중부방언의 '음장'의 운율형을 뽑아내어 성조형 실현 규칙이 임의화된 16세기 말엽의 상태와 대비한 것이다. 단, 표면 성조형의 선명한 대조를 위해 '말(馬)'-류 어절의 보기를 '나라이다(나·라히·라, 훈민정음 언해본)'로 바꾸어 제시하였다.[140]

(47)

| 부류 | 중세국어 | | 중부방언(ⓒ) |
	15세기 중엽(㉠)	16세기 말엽(ⓛ)	
나라이다	LHX² [LHLH]	LHX² [LHLH]~[LHHH]~[LHLL]~[LHHL]	VX³
구름이다	HX³ [HHLH]	HX³ [HHLH]~[HLHH]~[HHHL]~[HHHH]	
사람이다	RX³ [RHLH]	RX³ [RLH]~[RLL]~[RHL]~[RHH]	WX³

15세기 중엽(㉠)과 비교할 때, 16세기 말엽의 성조체계(ⓛ)는 어절 성조형의 최종적인 발음형을 예측하기 어려울 정도로 규칙성이 무너진 상태이다. 그러나 이 시기에도 어간부 성조의 변별성은 유지되었다는 점에서 아직 성조가 운소의 지위를 잃은 것은 아니라고 할 수 있다. 위에서 보다시피, 세 성조형은 첫음절 성조에 의해 그 부류를 예측할 수 있었고, 그러한 점에서 성조형 차원의 대립 관계는 유지된 것으로 볼 수 있기 때문이다.

이에 반해 중부방언(ⓒ)의 운소체계는 음고의 변별성은 완전히 소멸되

---

[140] 비변별적 음고를 가진 음절이 둘 이상인 보기로 통일하기 위한 조치이다. 아울러, 여기서 '16세기 말엽(ⓛ)'에 제시된 표면 성조형들은 앞 단계에 존재했던 성조형 실현 규칙이 임의화된 상태를 나타낸 것으로, 문헌 자료를 통해 모두 확인되지는 않는다.

고 어두 음장의 대립만이 변별력을 가지는 체계이다. 그런데 이 음장체계에서 단음형을 가진 형태와 단어 부류는 이전 체계의 '말(馬)-류와 '말(斗)'-류를 합친 부류와 대체로 같고 장음형을 가진 부류는 '말(語)-류와 대체로 같다. 그리고 '말(語)~말(馬)' 복수 기저형 어간 부류는 '장~단' 복수 기저형 부류와 대체로 같다.[141] 아울러, 음장체계의 단음형은 성조체계의 저조형 (말(馬)-형)과 고조형(말(斗)-형)의 성격을, 장음형은 상승조형(말(語)-형)의 음운론적 성격을 그대로 이어받았다.[142] 이러한 점들은 현대 중부방언의 음장체계가 운율론적으로 중세국어의 성조체계를 계승한 상태라고 볼 근거가 된다.

(47)에서, ㉠〉㉡을 바탕으로 추론할 수 있는 '㉡〉㉢'의 내용은 성조형 실현 규칙의 임의화가 음고 대립의 약화를 초래했고, 그 결과 음고에 의한 변별력, 즉 어간부 음고에 의한 형태 및 단어 부류의 구별까지 어렵게 만들었을 것이라는 정도이다. 즉, 비어두 위치의 음고 대립 약화가 어두 위치까지 영향을 주면서, 16세기 말엽(㉡)까지 어두 음고의 대립에 의해서나마 변별되던 성조형 대립체계가 붕괴되는 상태로 이어진 것이다. 표기 자료로는 확인할 수 없는, 이러한 성조 대립의 전면적 약화로 인해 성조 자질의 변별력은 완전히 소멸하게 되었을 것이므로, 이 단계에서 성조는 비음운화된 것으로 볼 수 있다. 이 과정에서, ㉡의 상태로부터 음고의 대립이 완전히 소멸된 상태로 진행되면서, 어두 음절의 성조 차이로 구별되었던 저조형('말(馬)-형)과 고조형('말(斗)-형)은 자연스럽게 통합되었을 것이고, 어두 음장을 잉여적으로 가졌던 상승조형('말(語)-형)은 이 자질을 지표로 하여 나머지 부류와 구별되는 체계를 형성하게 되었을 것이다.[143] 그 결과 세 성

---

141 이러한 대응 관계에서 벗어나는 것들에 관련되는 것에 대해서는 2장의 각주 77)에서 언급한 바 있다.

142 여기서 말하는 '성격'상의 동질성은 주로 성조나 음장 차원에서 일어나는 음운 과정에서 드러난다. 이 문제에 대해서는 2장에서 다룬 바 있다.

조형의 대립을 가졌던 체계가 장음형과 단음형의 두 운율형을 가진 체계로 재편된 것이다.

음장의 비음운화

서울방언을 중심으로 하는 중부 지역 여러 방언의 음장은 현대국어 내에서 비음운화가 진행되어 왔고 현재는 이 변화가 거의 완료된 것으로 봐야 할 정도가 되었다. 음장의 비음운화는 장단 대립의 약화·소멸을 의미하는바, 이 변화는 어휘 확산의 과정을 통해 점진적으로 진행된 것으로 보인다. 이 변화는 주로 장음을 충분한 길이로 발음하지 않는 경향, 어두 음장을 가진 부류와 그렇지 않은 부류를 혼동하는 경향, 그리고 어두 음장을 가진 부류의 수가 줄어드는 경향 등의 양상을 드러내면서 진행되었으며 세대와 지역 차원에서 그 정도와 범위를 확대해 왔을 것이다. 첫 번째 경향과 관련해서는 단음에 대한 장음의 길이 비율이 젊은 세대로 갈수록 작아지고 있음이 여러 연구에 의해 지적되었는데, 최근의 많은 연구들은 20세기의 후반 이후에 태어난 세대의 발음에서는 장모음의 길이가 단모음의 그것과 차이가 없다고 보고하고 있다.[144] 두 번째 경향과 관련해서는 어두 음장을 가진 부류의 목록이 사전마다 다르다는 점이 음장 대립 소멸의 증거가 될 수 있음이 지적되었으며, 세 번째 경향과 관련해서는 어두 장음이 실현되는 비율이 일정 수준을 넘는 어휘 항목의 수가 줄어들고 있다는 보고가 있다. 특히, 두 번째와 세 번째 경향과 관련해서는, 1980년대와 90년대에 이루어진 전국 단위의 조사 연구에, 음장방언으로 분류된 경기, 충청, 전라 방언들에서 같은 어휘 항목이 군 단위 하위 지역에 따라 음장 변

---

143 '말(語)'-류 첫음절이 중세국어에서도 길었을 것으로 본 견해는 허웅(1955: 167), 이기문(1972/1977: 147)에 나타난다.

144 Kang 외(2015: 485-486)에 의하면, 단모음 대비 장모음의 평균 지속 시간 비율이 1930년대 생 화자는 1.20:1인 반면 1980년대 생 화자는 1:1로 나타난다.

별 여부가 다르게 나타난다는 점이 보고되어 있다.[145] 이러한 사실은 음장의 비음운화가 여러 차원에서 점진적으로 진행되어 왔음을 보여 준다.

한편, 음장의 비음운화는 음성학적으로 보면 '말(語)'-류 첫음절의 길이가 짧아진 것에 다름 아닌데, 이 현상은 사실 국어 운율체계 전반에 걸친 큰 변화 방향 중 하나였다. 음장체계뿐 아니라 성조체계들도 이 현상에 의한 변화를 겪어 왔거나 겪고 있기 때문이다. 앞에서 거론한 바 있는, 동북방언의 여러 하위 지역어가 겪은 '3성조 체계 〉 2성조 체계'의 변화, 즉 '말(語)'-류의 '말(斗)'-류로의 합류도 결국 이 부류 첫음절의 단모음화에 기인하는 것으로 볼 수 있다. 아울러 경북방언에서 '말(語)'-류가 '말(斗)'-류(내륙 지역 방언)나 '말(馬)'-류(동해안 지역 방언)로 변해 가고 있는 현상도 같은 변화 방향에 의한 것이다.

경남방언의 '말(語)'-류 성조형도 경북방언보다 더 이른 시기에 겪은, 첫음절 단모음화의 결과로 보인다. 이 방언의 '말(語)'-류 첫음절은 '최저조'이지만 이 방언의 다른 음고, 즉 저조나 고조에 비해 조금 더 길며 약한 상승이 실현된다는 특징을 가지고 있다.[146] 그런데 이 음고가 경북방언 및 중세국어의 '말(語)'-류 첫음절 음고, 즉 상승조에 대응한다는 점을 고려하면 이 최저조는 상승조로부터 변한 결과로, 그리고 그 원인은 단모음화에 있는 것으로 볼 여지가 있다. 최저조를 '상승조(R)〉최저조(Γ)'라는 변화의 결과로 보자는 것인데, 경북과의 접경 지역어인 밀양방언과 창녕방언의 '말(語)'-류 성조형이 보이는 특이한 표면 성조형 실현 양상이 이러한 관점을 지지

---

[145] 한국정신문화연구원(전북 1987, 충북 1987, 충남 1990, 전남 1991, 경기 1995)의 군 지역 자료에서 이런 사실을 확인할 수 있다. 그리고 이기문 외(1991)에서는 '경기, 충청, 전라 방언'을 음장을 가진 방언으로 규정하면서 '일부 지역에서는 단모음으로 발음되고 일부 지역에서는 장모음으로 발음되는 항목' 23개에 대해 도별 비율을 제시하고 있다.

[146] 김차균(1980: 30, 1998: 344 등)에 의하면 경남방언의 첫음절 음고는 1.2~1.3모라 정도의 길이를 가지며 '뒷 끝이 가볍게 올라가'는 특징을 가진다.

하는 근거가 될 수 있다. 김차균(2002ㄴ: 34-35, 2003: 38), 이문규(2011: 214-217)에 의하면 창녕방언과 밀양방언의 '말(語)'-류는 김해방언이나 창원방언과 같은 [ΓHHL]을 주변이형으로 가지면서도, 이것에 비해 첫음절 음고가 더 높고 상승의 폭이 커지면서 셋째 음절은 낮아짐으로써, 결국 경북의 내륙 지역 방언의 '말(語)'-류에 유사해진 [ᷓHLL]을[147] 변이 성조형으로 가지고 있으며 드물게는 경북 내륙지역 방언과 같은 [RHLL]으로 실현되기도 한다.[148] 이 변이 성조형의 특징은 첫음절 최저조가 경남의 다른 지역보다 약간 높은 음역에서 실현되기도 하고 상당한 정도의 상승을 가진다는 점, 그리고 이러한 첫음절 음고의 변이가 제3 음절의 높이와 연동된다는 점이다. 이문규(2017/2018: 153)에서는 이러한 연동 관계를 다음과 같이 정리한 바 있다.

(48)

	말	이	라	도
경북형	R	H	L	L
전이형	R(높이↑, 상승↑) Γ(높이↓, 상승↓)	H	L(높이↓) H(높이↑)	
경남형	Γ	H	H	L

(48)은 밀양방언과 창녕방언의 '말(語)'-류 첫음절 음고가 더 높은 음역대에서 발음될수록, 그리고 상승의 폭이 커질수록 이 음고로 시작하는 성조형의 제3 음절은 낮아지는 경향을 나타내고 있다. 두 방언의 '말(語)'-류 성조형과 그 첫음절 음고가 보이는 이러한 특징은 경남·북의 접경 지역 방

---

147 'ᷓ'(특저승조)는 김해, 창원 등의 '말(語)'-류 첫음절 음고보다는 더 높은 음역과 더 넓은 상승폭을 가진 음고를 가리킨다.

148 밀양방언의 '말(語)'-류 성조형의 음성적 특징은 김차균(2002ㄷ, 2003)을 통해 보고 되었다.

언에 나타나는 전이적인 양상이라고 할 수 있겠지만, 성조사적으로는 경남방언의 '최저조형'이 경북방언의 '상승조형'과 통시적인 연관성을 가지는 것으로[149] 해석할 수 있는 근거가 된다는 점에서 중요하다. 물론, 이러한 해석은 경남방언의 '말(語)'-류도 첫음절 단모음화라는 변화를 겪었음을 전제로 한다. 즉, 경남방언의 '말(語)'-류가 가지는 최저조형은 그 표면적인 차이에도 불구하고 중세국어나 경북방언의 상승조형으로부터 변화된 결과인데, 그 변화의 동기는 첫음절의 음장의 단모음화라는 국어 전반의 큰 변화에 의해 주어진 것으로 해석하는 것이다.

비변별적 음고형 체계의 형성

'비변별적 음고형 체계의 형성'과 관련해서는, 이 음고형의 형성 및 변화 과정, 그리고 그 운율사적 위상을 검토할 필요가 있는데, 가장 중요한 문제는 이 음고형 체계가 성조체계 및 음장체계와 어떤 관계에 있는가 하는 것이다.

2장에서도 언급했듯이, 서울방언을 포함한 중·서부지역 방언에 나타나는 비변별적 음고형은 어절 첫 분절음의 음성 자질에 따라 발생하는, 후속 모음의 기본 주파수 값(F0) 차이에 의해 결정되며, 어휘 의미의 변별에 관여하지 않는다. 따라서 이 음고형은 개별 단어나 형태의 고유 자질로서, 어휘적 변별력을 가지는 성조형이나 음장형과는 근본적으로 다른 성격을 지닌다. 그런데 음성 자질의 차원에서 이 두 운율형과 비변별적 음고형이 가지는 관계는 다를 수밖에 없다. 즉, 이 음고형은 음고 자질을 기본 속성으로 하기 때문에 성조와는 양립할 수 없지만[150] 음장과는 함께 실현될 수

---

149 이문규(2017/2018: 364-365)에서는 경남방언과 경북방언의 '말(語)'-류 성조형의 표면 성조형의 전체 모양(음고 가락)이 상당히 비슷한 모습을 보인다는 점을 이러한 통시적 연관성을 뒷받침하는 근거로 삼고 있다.

150 이 진술은 음운 차원의 것이다. 자음의 후두 자질에 따라 후속 모음의 기본 주파수

있다. 2장에서 살핀, 광주방언의 운율체계 (30)과 (30)′는 성조 및 음장과 비변별적 음고형의 이러한 관계를 잘 보여준다. 즉, (30)은 '말(語)-류가 하나의 성조형으로 존재하는 반면에, 나머지 두 부류는 성조 차원에서의 구별은 없어진 채 첫 분절음의 음성적 자질이라는 새로운 기준에 의해 두 음고형으로 재편된 상태이다. 성조형 대립이 무너진 '말(馬)-류와 '말(斗)-류에 대해서만 새로운 음고형이 형성된 것이다. 그런데 여기서 '말(語)-류는 이전 성조체계의 성조형 중 하나가 그대로 남은 것이지만, 이것에 대립하는 다른 성조형이 존재하지 않는다는 점에서 그 음운론적 지위가 성조체계의 일원이었을 때와는 완전히 달라진 상태이다. 즉 이 체계에서 '말(語)-류 성조형은 변별적인 음고로 이루어진 운율형을 대립항으로 가지지 않는다는 점에서 운소로서의 기능을 갖지 못한다. 이 체계에서 '말(語)-류 성조형은 장음형으로서 단음형과 대립하고 있을 뿐이다. 이런 점에서 (30)의 성조체계의 흔적을 보유하고는 있으나 운소론적으로는 음장체계인 것이다. 다음으로, (30)′는 성조체계의 흔적은 완전히 사라지고 음장과 비변별적 음고가 결합하여 형성된 복합 운율체계이다. 그러나 운소론적으로는 이 체계 역시 음장체계이다. (30)′가 (30)과 다른 점은 장음형까지도 비변별적 음고에 의해 형성된 운율형 대립에 참여하고 있다는 것이며, 이런 점에서 (30)′는 여전히 음장체계이긴 하나 비변별적 음고형 대립이 운율체

값에 차이가 나는 현상은 음성학적 보편성을 가지고 있기 때문에 음성적으로는 성조형에도 영향을 미칠 수가 있다. 후두 자질에 의한 주파수 차이가 성조 차원의 음고 실현에 관여하는 양상에 대해서는 동남방언을 대상으로 한 Kenstowicz and Park(2006)를 참고할 수 있다. 이 연구에서는 동남방언에는 음성적으로 어휘적 성조와 '분절음 유래 성조', 즉 비변별적 음고가 공존한다는 점을 밝혔다. 영월방언에서 어두 강자음(춤, 칼, 코, 키, 터)을 가진 '말(斗)-류 1음절 명사의 곡용형이 '말(斗)-류〉말(馬)-류'라는 일반적인 변화에 맞서 [HH-]형을 끝까지 유지하는 경향(최영미 2020: 34)을 보인다든가, 중세국어에서 어간 두음이 격음, 경음, 자음군인 단음절 용언 어간이 대부분 고조형('말(斗)-류)에 속한다(유필재 2003)는 점도 자음의 후두 자질에 의한 음고가 성조체계에 대해서도 일정한 영향을 미칠 수 있음을 보이는 자료로 볼 수 있다.

계 전반으로 확대된 체계라고 할 수 있다.

한편, (30) 및 (30)′와는 달리, (29)는 오직 비변별적 음고형으로만 이루어진 체계로서, 공시적으로는 성조체계나 음장체계와의 어떤 동질성도 공유하지 않는 새로운 운율체계이다. 즉, 이 체계는 성조와 음장이 모두 비음운화된 상태에서만 나타날 수 있는 체계이며, 이 체계를 가진 방언은 운소론적으로는 무성조·무음장 언어가 된다.

이상의 논의를 종합할 때, 앞의 2.6.에서 다룬 (29), (30), (30)′의 세 운율체계는 논리상 '(30) 〉 (30)′ 〉 (29)'의 순서로 변화한 것으로 볼 수 있다. 즉, 이 세 운율체계는 성조형 대립이 일부 무너짐으로써 형성된, 대립항이 없는 성조형과 음장, 그리고 비변별적 음고로 이루어진 체계(30)에서 음장과 비변별적 음고로 이루어진 체계(30′)를 거쳐, 비변별적 음고로만 이루어진 체계(29)로의 변화 과정을 보여주고 있는 것이다.

(49)

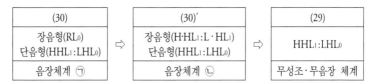

따라서 서남방언의 경우, 국어 운율체계 변화의 또 다른 큰 흐름 중 하나인, 음장 소실이라는 방향을 따라간다면 결국 2장의 (29)와 같은 체계로 변해갈 것임을 예측할 수 있다. 이런 점에서 2장의 광주방언 (30)과 (30)′는 운율론적으로는 '전이 체계'라고 할 수 있다.

요컨대, 운율사 전반으로 보면, 이 비변별적 음고형 체계의 형성은 성조 및 음장 비음운화의 과정과 함께 진행되어 왔거나 진행되고 있는, 국어 운율체계 변화의 큰 흐름 중 하나라고 할 수 있다.

제4장 요약과 과제

국어 운소의 역사는 후기 중세국어와 현대국어 방언들의 운소체계 및 그 변화에 대한 내용, 그리고 그들 사이의 대응 관계로부터 재구되는 내용을 중심으로 기술될 수밖에 없다. 전기 중세국어 이전은 물론이고, 근대국어 시기 운소체계의 변천 과정을 보여 줄 자료가 없는 상태에서, 운소사 전반을 자료에 근거를 두고 균일하게 기술하기는 불가능하기 때문이다. 따라서 이 글에서는 중세국어 및 동남, 동북, 강원 영동방언의 성조체계, 중부방언의 음장체계와 비변별적 음고형 체계, 서남방언의 전이체계의 공시적인 모습과 그 변화 양상을 검토하고, 이들 사이의 대응 관계를 분석하여, 그 변화의 큰 흐름을 추론적으로 재구성하는 방식으로 운소사를 기술하였다. 이렇게 구성된 국어 운소사의 큰 흐름은 고대국어 시기 단일 성조체계의 존재, 후기 중세국어 이전 어느 시기에 일어난 성조체계의 남북 분화, 근대국어 시기에 진행된 중·서부방언 성조체계의 음장체계로의 전환, 그리고 현대국어에 와서 일어난 음장의 비음운화와 비변별적 음고형 체계의 형성 등을 주요 내용으로 한다.

먼저, 적어도 한자음 형성기까지의 국어에는 '말(馬)-저조(L), 말(斗)-고조(H), 말(語)-상승조(R)'를 포함하는 성조체계가 단일 운소체계로 존재한 것으로 보았다. 이 체계는 한자음 형성기와 15세기 사이에, 동남방언과 영동방언이 '말(馬)-류: 저조형〉고조형, 말(斗)-류: 고조형〉저조형'의 변화를 겪음으로써 중세·동북 체계와 동남·영동 체계로 분화되었다.

　중세국어의 성조체계는 성조형 실현 규칙의 임의화로 초래된 표면 성조형의 혼란 단계를 거쳐 성조 대립 관계 자체가 무너지면서 운소로서의 자격을 잃었고, 대신 이전까지 잉여적으로 존재하던 음장 대립이 변별성을 획득함으로써 음장체계로 재편되었다. 서울, 경기방언을 비롯한 한반도 중·서부 지역 여러 방언이 중세국어의 성조체계를 계승한, 이 음장체계를 가지게 되었다. 이 변화의 주된 내용은 중세국어에서 '말(語)-류 성조형을 가졌던 부류는 대개 장음형을 가지게 되었고 '말(馬)-류와 '말(斗)-류 성조형을 가졌던 부류는 단음형을 가지게 된 것인데, 음운 과정에서 나타나는 각 운율형의 운율론적 위상은 평행적으로 유지된다.

　음장체계는 다시 음장 대립의 변별력 약화 과정을 겪은 끝에 여러 방언에서 무성조·무음장체계로의 변화가 진행되었고 서울방언을 비롯한 몇몇 방언은 이 변화가 거의 완성 단계에 이른 것으로 보인다. 그런데 이처럼 음장의 비음운화가 완성된 방언에는 어절 첫 분절음의 자질에 따라 실현되는 '비변별적 음고형' 체계가 형성되었다. 이 음고형은 어두 자음이 경음이나 격음, 그리고 마찰음인 어절은 '[HHL₀]'로 실현되고 초두음이 그 밖의 자음이거나 모음인 어절은 [LHL₀]로 실현된다. '후어휘적 성조'로 불리기도 하는 이 음고형은 서울방언의 경우 이미 1960년대 연구에서 당시 젊은 세대의 발음에 나타나는 것으로 보고되었고, 이후의 많은 연구들을 통해 지속적으로 조명을 받았으며, 지금은 이 방언의 기본 운율형으로 인정되고 있다.

　서남방언은 아직 음장 대립이 존재하는 방언으로 분류되고 있다. 그런데 이 방언의 음장체계는 국어 운소사 전반의 흐름과 관련하여 의미 있는 변화상을 보여주고 있는데, 그것은 현대국어 안에서 이 방언이, 음장형이 성조체계의 '말(語)-류 성조형'으로 남은 상태와 비변별적 음고형 체계로 녹아들어 간 상태의 두 모습을 보여준다는 점이다. 전자는 '말(語)-류 성조형 혹은 음장형이 단독 운율형으로 존재하고 이 부류에 속하지 않는 나머지가 두 유형의 비변별적 음고형 중 하나로로 실현되는 상태이고, 후자는 음장형이 어두 음장을 유지하면서도 이 비변별적 음고형 중 하나로 실현되는 상태이다. 이러한 양상은 서남방언이 성조체계로부터 시작하여 이 두 유형의 음장체계를 거치면서 변화해 가고 있음을 보여주고 나아가 국어의 음장체계가 통시적으로 두 단계를 거쳐 무성조·무음장체계로 진행되었을 가능성을 보여준다.

현재 성조체계를 유지하고 있는 방언들이 겪었거나 겪고 있는 통시적 변화의 가장 큰 특징은 체계 단순화이다. 대부분의 동북방언은 '말(語)-류 성조형(상승조형)이 '말(斗)-류 성조형(고조형)에 합류되었다는 점에서 체계 단순화가 가장 많이 진행된 상태로 볼 수 있고, 강원 영동방언은 '말(斗)-류 성조형(저조형)이 거의 '말(馬)-류 성조형(고조형)에 합류된 상태이며, 서부 경남방언은 3음절 이상 '말(語)-류 어절의 성조형(최저조형)이 '말(馬)-형(고조형)에 합류되었다. 현재 3-성조형 체계를 유지하고 있는 성조방언이 겪고 있는 체계 단순화의 또 다른 양상은 첫음절 모음이 짧아짐에 따라 '말(語)-류가 다른 성조형으로 바뀌는 것인데, 그 결과는 이 부류의 표면 성조형에 따라 달리 나타난다. 경북방언과 3-성조형 체계를 유지하고 있는 일부 동북방언의 경우 이 변화가 지속되면, 현재의 다수 동북방언과 같이 '말(馬)-류와 '말(斗)-류의 두 성조형이 대립하는 체계로 변할 것으로 보인다.

비음운화 및 체계 단순화라는 큰 흐름 외에, 성조방언에서 발견되는 변화 양상으로는, 세 성조형 중 '말(馬)-류 성조형의 비중이 확대되어 온 것을 들 수 있다. 이 경향은 중세국어와 현대 성조방언에 존재하는 '말(馬)-류 성조형 되기' 현상의 대상 범위가 전 방언에 걸쳐 현저하게 확대된 경향과 한자음의 성조 비교에서 '말(馬)-류 성조형을 가진 한자의 비중이 커졌다는 점을 통해 확인되는데, 이 현상도 현대 성조방언의 변천 방향을 가늠할 수 있게 하는 지표 중 하나가 된다. 아울러, 영동방언의 일부 '말(馬)-형에 나타나는 성조형 실현 규칙의 임의화 현상은 그 범위가 제한적임에도 불구하고, 이 방언이 중세국어에 나타난 성조 비음운화의 과정을 거치고 있음을 보여준다는 점에서 주목되어야 할 성조체계 변화의 주요 양상 중 하나이다.

이상에서 기술한 국어 운소사의 주요 내용 중 많은 부분은 문헌 및 방언 조사를 통해 얻은 자료를 바탕으로 수립된 운율체계, 그리고 그들 사이의 대응 관계를 주된 근거로 하여 추론적으로 재구된 것이다. 그 중에서 한자음 형성기에 단일 성조체계가 존재했을 것이라거나 그로부터 중세국어까지의 기간 중 어느 시점에 중세·동북 체계와 동남·영동 체계가 분화되었을 것이라는 주장은 현재 이용할 수 있는 자료와 사실을 근거로 한, 비교적 합리적인 추론의 결과라고 할 수 있다. 이에 반해, 이 단일 성조체계의 음고 대립 관계가 중세국어의 그것과 유사했을 것이라는 내용은 아직은 완전하다고 하기 어려운, 한자음 형성기 중국어 성조의 조치(調値)에 대한 연구 성과를 주요 근거로 삼았다는 점에서 상대적으로 취약한 추론의 결과물이다. 중고 한어의 성조에 대한 연구가 비전문적 관찰이 포함된 소수의 기록물과 외국어 음역(音譯) 자료 등을 바탕으로 도출된 것이라는 점, 현대 중국어 방언들이 보여주는 성조체계의 다양성 및 큰 차이만큼이나 중국어 성조체계의 역사도 극적인 변화의 흐름을 거쳐 왔다는 점, 따라서 중고 한어 성조의 조치에 대한 앞선 연구들의 결론도 통일된 관점을 이끌어내는 데 이르지 못했다는 점 등을 미루어, 이들을 근거로 재구된 한자음 형성기 국어 성조체계의 모습은 가설 수준을 벗어나기 어려워 보인다. 이것은 앞으로 이루어질 중국어 성조사 연구 및 두 나라 성조체계의 대응 관계에 대한 연구의 발전에 따라 위의 결론이 수정되거나 보완되어야 할 여지를 가지고 있음을 말한다.

마지막으로, 이 글에서 국어 성조의 기원 및 발생 과정, 그리고 고대국어 이전 시기 운소체계의 모습에 대한 내용을 다루지 못했음을 밝혀 둘 필요가 있다. 앞의 1장에서도 언급했듯이, 국어 성조 연구사는 이 문제들에 대한, 적지만 긍정적 가능성을 보여주는 연구 성과들을 가지고 있거니와, 앞으로의 연구를 통해 채워질 부분이 있을 것이라는 기대를 할 수 있다.

참고문헌

곽충구(1991), 함북 길주지역어 성조의 상승조에 대하여, 《국어학의 새로운 인식과 전개》(김완진 선생 회갑기념논총), 민음사, 252-277.

곽충구(1994), 《함북 육진방언의 음운론》, 태학사.

곽충구(2003), 현대국어의 모음체계와 그 변화의 방향, 《국어학》 41, 국어학회, 59-92.

곽충구(2005), 육진방언의 음운변화-20세기 초로부터 1세기 동안의 변화-, 《진단학보》 100, 진단학회, 183-220.

권경근(2005), 현대국어의 음운론적 역사성, 《국어학》 45, 국어학회, 289-311.

권인한(1991), 여대 성조의 재구를 위한 기초적 연구, 《국어학》 21, 국어학회, 209-233.

권인한(1997), 한자음의 변화, 《국어사연구》, 태학사, 283-344..

권인한(1998), 《조선관역어의 음운론적 연구》, 태학사.

권인한(2011), 『삼국지』·위서·동이전의 고유명사 표기자 분석, 《구결연구》 27, 구결학회, 217-242.

권인한(2014), 동대사도서관장 화엄경의 각필로 본 신라한자음, 《구결연구》 33, 구결학회, 133-159.

권인한(2015), 《광개토왕비문 신연구》, 박문사.

권인한(2016), 고대 한국한자음의 연구(Ⅰ)-최근 발굴된 각필 성점 자료를 중심으로-, 《구결연구》 37, 구결학회, 5-38.

권인한(2019), 한자음의 변화, 《국어사 연구》, 태학사, 247-336.

권재선(1974ㄱ), 《계림유사》에 나타난 여대 국어 성조의 연구, 《어문학》 30, 한국어문학회, 1-27.

권재선(1974ㄴ) 신라어의 성조 연구, 《신라시대의 언어와 문학》(한국어문학대계 1), 한국어문학회, 103-165.

김무림(1998ㄱ), 『번역노걸대박통사』 범례의 새김과 해설, 《한국어학》 7, 한국어학회, 63-98.

김무림(1998ㄴ), 고대 국어 음운, 《국어의 시대별 변천 연구》 3(고대국어), 7-39.

김무림(2022), 《한국 한자음 연구 요목》, 한국문화사.

김방한(1977), 한국어 어두 h-의 기원 및 어두자음군어와 방점, 《언어학》 2, 한국언어학회, 9-24.

김방한(1978), 알타이제어와 한국어, 《동아문화》 15, 서울대 동아문화연구소, 3-52.

김봉국(2002), 강원도 남부지역 방언의 음운론, 서울대학교 박사학위 논문.

김선철(2003), 《표준 발음 실태 조사 Ⅱ》, 국립국어연구원.

김선철·권미영·황연신(2004), 서울말 장단의 연령별 변이, 《말소리》 50, 대한음성학회, 1-22.

김성규(1988), 성조의 재구방법, 《국어국문학》 100, 국어국문학회, 9-19.

김성규(1994), 중세국어의 성조 변화에 대한 연구, 서울대 박사학위 논문.

김성규(1997), 성조의 변화, 《국어사연구》, 태학사, 491-511.

김성규(2004), 《계림유사》와 15세기 국어의 성조 비교, 《어문논집》 49, 민족어문학회, 145-182.

김성규(2006), 음장의 변화 방향: 1음절 용언 어간을 중심으로, 《이병근선생 퇴임기념 국어학논총》, 태학사. 267-289.

김성규(2009), 15세기 한국어 성조의 성격에 대하여, 《국어학》 56, 국어학회, 3-31.

김성규(2015), 15세기 국어와 표준어의 음운 대응 정도에 대한 연구, 《어문연구》 43-4, 어문연구학회, 65-98.

김성규(2019), 성조의 변화, 《국어사연구(계통·문자체계·시대구분·음운 1)》 (국어사대계 1), 태학사, 535-557.

김성렬(1991), 국어 음장의 통시론적 고찰, 《국어학》 21, 국어학회, 235-273.

김세진(2006), 경남 서남부 방언의 성조 연구, 충남대 박사학위 논문.

김세환(2018), 경북방언의 성조, 《방언학》 28, 한국방언학회, 63-81.

김수형(2001), 《현대 국어의 음장》, 역락.

김영국(1994), 15세기 국어의 사성체계와 방점에 대한 연구, 경기대학교 박사학위 논문.

김영국(2001), 「한국어 성조설에 대한 비판적 고찰」, 《한국사상과 문화》 14, 한국사상문화학회, 29-62.

김영만(1967ㄱ), 이조 전기 한자음의 운율(Ⅰ), 《한글》 139, 한글학회, 69-78.

김영만(1967ㄴ), 이조 전기 한자음의 운율(Ⅱ), 《한글》 140, 한글학회, 95-113.

김영만(1972), 고금 성조 비교 재론-다음절어의 유형과 비교공식-, 《한글》 149, 한글학회, 387-420.

김영만(1986), 국어초분절음소의 사적연구, 고려대 박사학위 논문.

김완진(1971), 알파 성조와 자음부 성조에 대한 일고찰, 《김형규박사 송수기념 논총》, 79-92.

김완진(1973/1977), 《중세국어 성조의 연구》, 탑출판사.

김완진(1990), 운율자질의 분포에 대하여, 《제18회 국제학술대회 논문집》, 대한민국 학술원, 51-66.

김완진(1991), 국어사 자료로서의 『계림유사』의 성격, 《진단학보》 71, 진단학회, 373-381.

김정우(1999), 헐버트의 한국어 계통론 연구, 《인문논총》 12, 경남대 인문과학연구소, 67-82.

김주원(1991), 경상도 방언의 성조 기술방법, 《어학연구》 27-3, 서울대 어학연구소, 585-608.

김주원(2000), 영남방언 성조의 특성과 그 발달, 《어문학》 69, 한국어문학회, 91-114.

김주원(2003), 강원도 동해안 방언 성조의 특성, 《민족문화논총》 27, 영남대 민족문화연구소, 249-283.

김지은(2022), 서울말 어휘적 장단의 비음운화 재고: 선행 연구에 대한 비판적 검토를 통하여, 《언어와 정보사회》 45, 서강대학교 언어정보연구소, 1-27.

김차균(1969), 전남방언의 성조, 《한글》 144, 한글학회, 141-171.

김차균(1975), 영남·영동 방언의 성조, 《한글》 155, 한글학회, 145-185.

김차균(1980),《경상도 방언의 성조 체계》, 과학사.

김차균(1994), 대구방언 성조 체계의 변천,《언어》15, 충남대 어학연구소, 101-366.

김차균(1997), 우리말 성조 연구의 성과와 미래의 방향,《언어》18, 충남대학교 어학연구소, 61-213.

김차균(1998),《나랏말과 겨레의 슬기에 바탕을 둔 음운학 강의》, 태학사.

김차균(1999ㄱ), 훈민정음 시대 우리말 성조 체계와 방언들에서 비성조 체계로의 변천 과정,《언어의 역사》, 태학사, 103-201.

김차균(1999ㄴ),《우리말 방언 성조의 비교》, 역락.

김차균(2001), 우리말 성조 이론과 그 전망,《경남 방언 연구》(경상대학교 경남문화연구원), 한국문화사, 81-153.

김차균(2002ㄱ),《국어 방언 성조론》, 역락.

김차균(2002ㄴ),《영호남 방언 운율 비교》, 역락.

김차균(2002ㄷ), 안동방언과 밀양 방언 성조 비교,《어문연구》39, 어문연구학회, 5-99.

김차균(2003),《영남방언 성조 비교》, 도서출판 역락.

김차균(2006),《중부 동해안 방언의 성조 비교》, 글누림.

김차균(2010) 중세 국어와 창원 방언의 성조 비교-《훈민정음》(해례)와《소학언해》(범례)의 방점 자료에 바탕을 두고-,《한글》290, 한글 학회, 5-72.

김차균(2011), 진주 방언에서 된소리로 시작되는 상성형 낱말의 거성형화,《한글》294, 한글학회, 5-66.

김차균(2012), 중고한음 성조와《소학언해》에 나타난 우리말 한자 형태소 성조의 비교,《한글》297, 한글학회, 5-132.

김차균(2015),《방점법에 바탕을 둔 우리말의 성조》, 역락.

김한별(2013), 중세 국어 고정적 상성 어간의 성조 변화,《국어학》68, 국어학회, 445-474.

남광우(1954), 장단음고(상),《국어국문학》12, 국어국문학회, 5-9.

남광우(1955), 장단음고(하),《국어국문학》13, 국어국문학회, 203-216.

남기탁(2012), 국어 한자어 장단음의 발음 양상, 《국어학》 64. 국어학회. 35-63.

램지(Ramsey, S. R.)(1974), 함경 · 경상 양방언의 액센트 연구, 《국어학》 2, 국어학회, 105-132.

문수미(1999), 한국어 액센트에 관한 실험음성학적 연구-자음 및 음절 구조와 관련하여-, 서울대학교 박사학위 논문.

문효근(1972), 영동 북부 방언의 운율 음소, 《연세논총》 9, 연세대, 1-27.

문효근(1974), 《한국어 성조의 분석적 연구-15세기 성조와 방언 성조와의 대조-》, 건국대 박사학위 논문(같은 제목의 단행본, 세종출판공사.)

박숙희(2005), 경북 동해안 방언의 성조 연구, 충남대 박사학위 논문.

박숙희(2008), 「경북방언 외래어의 성조형-영덕·포항·경주·경산 지역을 중심으로」, 《인문학연구》 35-1, 충남대학교, 35-61.

박숙희(2012), 강원방언 외래어의 성조형, 《어문학》 118, 한국어문학회, 1-35.

박숙희(2014), 상승조 성조의 음조 변화 방향, 《어문학》 125, 한국어문학회, 71-93.

박주경(1987), 현대 한국어의 장단음에 관한 연구, 《말소리》 11, 대한음성학회, 121-131.

박진혁(2014), 함북경흥 지역어의 성조론, 서강대 박사학위 논문.

방언연구회 편(2001), 《방언학 사전》, 태학사.

배주채(1991), 고흥방언의 음장과 음조, 《국어학》 21, 국어학회, 275-306.

배주채(1994), 고흥방언의 음운론적 연구, 서울대학교 박사학위 논문.

배주채(2011), 《국어음운론 개설》, 신구문화사.

신기상(1999), 《동부경남방언의 고저장단 연구》, 월인.

신지영(2011), 음운론과 어문규범, 《한국어학》 50, 한국어학회, 29-49.

오미라(2020), 전남어의 억양구말 강세구 성조 연구, 《언어》 45(3), 한국언어학회, 555-577.

오미라(2021), 전남어 화자의 서울어투 억양 동화에 관한 사회 음성학적 연구, 《언어》 46(4), 한국언어학회, 1115-1149.

위국봉(魏國峰)(2017), 《고대 한국어 음운 체계 연구》, 태학사.

유필재(2003), 후기중세국어 용언 어간의 성조와 기저형 설정, 《어학연구》 39,

서울대학교 언어연구소, 91-110.

유필재(2012), 15세기 후반 국어 율동규칙의 변화: 어말평성화의 확대, 《국어학》 64, 국어학회, 99-112.

유필재(2014), 중세국어 평성, 상성 변동 명사와 관련 제약, 《어학연구》 50-3, 서울대 언어연구소, 697-713.

유현경 외(2013), 《표준 국어 문법 개발 기초 연구》, 국립국어원.

이기문(1961/1978), 《국어사 개설》, 탑출판사.

이기문(1968), 《계림유사》의 재검토-주로 음운사의 관점에서-, 《동아문화》 8, 서울대 동아문화연구소, 205-248.

이기문(1972/1977), 《국어 음운사 연구》, 탑출판사.

이기문(2000), 현대 한국어의 변화들에 대한 단상, 《서울말 연구》 1, 박이정, 1-14.

이기문, 김완진, 최명옥, 곽충구, 이승재, 김영배(1991), 한국어 방언의 기초적 연구, 《대한민국학술원 논문집》(인문사회과학편) 30, 대한민국학술원, 45-143.

이기문, 김완진, 최명옥, 곽충구, 이승재, 김영배(1993), 《한국 언어 지도집》, 대한민국학술원.

이문규(1998), 성조소 기술 방법론의 비교 연구, 《언어과학연구》 15, 언어과학회, 213-234.

이문규(2011ㄱ), 국어 방언 성조의 성격과 성조 체계 기술의 기본 단위, 《국어학》 60, 국어학회, 1-31.

이문규(2011ㄴ), 경남북 접경 지역 방언의 성조 연구, 《언어과학연구》 59, 언어과학회, 203-232.

이문규(2017/2018), 《형태소 성조형 중심의 국어 성조론》, 한국문화사.

이문규(2017), 성조형 실현 규칙의 임의화와 16세기 말엽의 성조 체계, 《어문학》 137, 한국어문학회, 81-111.

이문규(2018), 국어 성조체계의 '말(馬)'-형 선호 경향과 그 의의, 《어문학》 141, 한국어문학회, 25-50.

이문규(2019), 성조론의 두 단계 음운 과정과 경상방언의 성조형 분석, 《방언학》

29, 한국방언학회, 6-37.

이문규(2020), 국어학회 60년과 한국어 음운론, 《국어학》 93, 국어학회, 343-390.

이문규(2021), 국어 성조론의 성과와 쟁점, 《한글》 82권 1호, 한글학회, 5-42.

이문규(2022), 중세 문헌어 성조의 방언 운율사적 정체성, 《어문학》 155, 한국어문학회, 5-39.

이병근(1976), 19세기 국어의 모음체계와 모음조화, 《국어국문학》 72·73호, 국어국문학회, 1-14.

이병근(1978), 국어의 장모음화와 보상성, 《국어학》 6, 국어학회, 1-28.

이병근(1986), 발화에 있어서의 음장, 《국어학》 15, 국어학회, 11-39.

이봉운(1897), 국문정리, 《역대 한국 문법 대계》 제3부 2책, 김민수 외 편(1985), 탑출판사.

이상억(1979), 성조와 음장, 《어학연구》 15-2, 서울대 어학연구소, 123-139.

이상억(1987), 고대국어 이전의 성조와 유성자음의 출몰, 《국어학》 16, 국어학회, 261-275.

이상억(1990), 성조, 《국어연구 어디까지 왔나》, 동아출판사.

이숙향(2002), 한국어 운율구조 기술 체계에 대한 연구: K-ToBI 기술 체계를 중심으로, 《언어학》 10-2, 대한언어학회, 1-18.

이숭녕(1959), 현대 서울말의 Accent의 고찰-특히 condition phonétique와 accent의 관계를 주로 하여, 《서울대 논문집》 9, 107-152. (이숭녕(1960: 179-227)에 재수록)

이숭녕(1960), 《국어학논고》, 동양출판사.

이숭녕(1968), 성조체계의 붕괴과정의 고찰-주로 성종시대에서 16세기까지의 문헌의 성조표기의 변천을 중심으로 하여, 《진단학보》 31, 진단학회, 65-87.

이승재(2016), 《한자음으로 본 고구려어 음운체계》, 일조각.

이옥주(2018), 표준 중국어 성조 분포의 유형적 특성, 《중어중문학》 74, 한국중어중문학회, 145-168.

이진호(2008), 국어 표준 발음법의 제정 과정, 《어문학》 100, 한국어문학회, 173-203.

이진호(2011), 국어 반모음화에 따른 운소 변동의 통시적 고찰, 《국어학》 60, 국어학회, 99-122.

이진호(2012), 《한국어의 표준 발음과 현실 발음》, 아카넷.

이진호(2015), 중세국어의 성조 축약 양상과 제약, 《국어학》 75, 국어학회, 59-83.

이호영(1997), 《국어 운율론》, 한국연구원.

임석규(2007), 경북북부지역어의 음운론적 연구, 서울대 박사 학위 논문.

임석규(2014), 성조 현상을 토대로 한 방언구획론을 위하여, 《방언학》 19, 한국방언학회, 5-40.

임석규(2019), 성조 방언의 비어두 장음에 관한 문제-만두소:(LLR), 그래:도(LRH) ; 아랫마:(LLF), 바래:고(LFL) 유형-, 《어문연구》 47-1, 한국어문회, 7-25.

임석규(2022), 중세 국어와 성조 방언의 율동 규칙 대비를 통한 성조 소멸 가설, 《국어사연구》 35, 67-89.

임성규(1988), 전북방언의 음조와 강세, 《국어국문학》 100, 국어국문학회, 253-263.

전광현(1997), 근대 국어 음운, 《국어의 시대별 변천 연구》, 국립국어연구원, 7-54.

전학석(1993), 《함경도방언의 음조에 대한 연구; 회령, 경성, 함주 지방말의 음조를 중심으로》, 태학사.

정명숙(2002), 방송 언어에 나타난 말소리의 사적 변천, 《국어학》 39, 국어학회, 221-249.

정명숙·황국정(2000), 국어 한자어의 장단음에 대한 실험음성학적 연구, 《어문논집》 42, 안암어문학회, 285-299.

정승철(1999), 개화기 국어 음운, 《국어의 시대별 변천 연구》, 국립국어연구원, 7-59.

정연찬(1963), 15세기 국어의 활용 어간의 성조에 대하여-특히 1음절 어간을 중심으로, 《논문집》 3, 충남대학교, 3-45.

정연찬(1971), 중세 성조와 경상도 방언 성조의 비교, 《한글학회 50돌 기념 논문집》, 한글학회, 19-46.

정연찬(1974), 《소학언해》교정청본의 방점 표기-성조의 변화와 그 양상, 《진단학보》 37, 진단학회, 79-114.

정연찬(1976), 《국어 성조에 관한 연구》, 일조각.

정인호(1995), 화순지역어의 음운론적 연구, 서울대학교 석사학위 논문(〈국어연구〉 134호).

주시경(1909), (유인) 고등 국어 문전, 《역대 한국 문법대계》(제1부 제3책), 김민수 외 편(1985), 탑출판사.

차재은(1999), 《중세국어 성조론》, 월인.

차재은(2005), 1930년대의 한국어 음장에 대한 연구-〈보통학교 조선어독본〉의 음성 자료를 중심으로-, 《민족문화연구》 43, 고려대학교 민족문화연구원, 105-128.

차재은(2010), 『큰사전』 고유어 단일어의 음장 분석, 《우리어문연구》 37, 우리어문학회, 163-189.

차재은(2011), 『큰사전』 고유어 복합어의 음장, 《한국어학》 50, 한국어학회, 203-229.

차재은(2014), 운율 연구의 동향과 전망-1950년대 이후 표준어 운율 연구를 중심으로-, 《한말연구》 35, 한말연구학회, 231-259.

최명옥(1990), 동남방언의 성조형과 그 분포, 《제18회 국제학술대회 논문집》, 대한민국 학술원, 67-88.

최명옥(1997), 국어의 통시음운론 개관, 《국어사연구》, 태학사, 363~385.

최명옥(1998), 현대국어의 성조소체계, 《국어학》 31, 국어학회, 23-52.

최명옥(1999), 현대국어의 성조형과 그 분포, 《진단학보》 88, 진단학회, 555-581.

최명옥(2019), 중세 이전의 한국어는 성조언어였는가?, 《국어학》 90, 국어학회, 3-42.

최명옥(2020), 북한 음장방언 속의 무성조·무음장 방언에 대하여, 《국어학》 96, 국어학회, 110-136.

최명옥·곽충구·배주채·전학석(2002), 《함북 북부지역어 연구》, 태학사.

최명옥·김주석(2007), 《경주지역어의 텍스트》, 역락.

최영미(2010), 《정선방언 성조 체계와 그 역사적인 변천》, 역락.

최영미(2015), 평창 방언의 성조 연구, 《한글》 308, 한글학회, 31-84.

최영미(2020), 영월 방언의 거성형과 성조 변화, 《한글》 327, 한글학회, 31-84.

최영선(2015), 《계림유사》의 음운론적 연구, 전남대 박사학위 논문.

최영애(2000), 《중국어 음운학》, 통나무.

하시모도 만따로오(橋本萬太郎)(1973), 한국어 accent의 음운론-특히 경상도 방
　　　언의 accent를 중심으로, 《한글》 151, 한글학회, 173-204.

한국정신문화연구원(1987-1995), 《한국방언자료집》(전북, 충북, 충남, 전남, 경
　　　기편).

한재영(1990), 방점의 성격 구명을 위하여, 《강신항 선생 화갑기념 국어학 논문
　　　집》, 태학사, 241-262.

한준일(2014), 서울 지역 화자를 대상으로 한 단모음 음장에 대한 실험음성학적
　　　분석, 한양대 석사학위 논문.

허웅(1955/1963), 방점 연구, 《동방학지》 2, 연세대학교 동방학연구소, 39-194
　　　(《중세국어연구(254-380)》에 재수록).

허웅(1985), 《국어음운학》, 샘문화사.

菅野裕臣(1972), 朝鮮慶尙道方言アクセソト體系の諸問題, 《アシア·アフリカ
　　　語學院紀要》 3, 東京外大, 83-96.

潘悟雲(2000), 《漢語歷史音韻學》, 上海敎育出版社(=권혁준 역(2014), 《중국어
　　　역사음운학》, 학고방).

北京大學中國語言文學系 語言學敎硏室 編(1985/1989(2판)), 《漢語方音字匯》,
　　　文字改革出版社.

尉遲治平(1986), 日本悉曇家所傳古漢語調値, 《语言研究》 第2期(总第11期).

伊藤智ゆき(2007), 《朝鮮漢字音硏究》, 汲古書院(이진호 역(2011), 《한국 한자음
　　　연구》(본문편, 자료편), 역락.

丁邦新(1998), 平仄音考, 《丁邦新言語學論文集》, 北京: 商務, 64-82.

周法高(1948), 說平仄, 《歷史語言硏究所集刊》 13, 中央硏究院, 119-152.

平山久雄(1967), 中古漢語の音韻, 《言語》-中國文化叢書 1, 東京: 大修館書店,

112-166. (이준환 옮김 2013ㄱ, 중고 한어의 음운(1), 《구결연구》 30, 구결학회, 257-297. 2013ㄴ, 중고 한어의 음운(2), 《구결연구》 31, 구결학회, 195-247.)

Bang Hye-Young, Sonderegger, M., Kang, Yoonjung, Clayards, M., & Yoon, Tae-Jin. (2018), The emergence, progress, and impact of sound change in progress in Seoul Korean: implications for mechanisms of tonogenesis. *Journal of Phonetics* Vol. 66. 120-144.

Bernhard, Karlgren(1954), *Conpendium of Phonetics in Ancient and Archaic Chinese*(최영애 역(1985), 《고대한어음운학개요》, 민음사)

Cheng, Chin-chuan(1973), A Quantitative Study of Chinese Tones, *Journal of Chinese Linguistics* 1, 93-110.

Cho, Sunghye(2017), *Development of Pitch Contrast and Seoul Korean Intonation*, University of Pennsylvania, (Ph.D. Thesis).

Choi, Jiyoun, Kim, Sahyang, & Cho, Taehong(2020), An apparent-time study of an ongoing sound change in Seoul Korean: A prosodic account. PLOS ONE. Vol. 15, doi.org/10.1371/journal.pone.0240682.

Hashimoto, M. J.(1966), *Phonology of Ancient Chinese*, The Ohio State University, Ph. D.

Holliday, Jerey & Kong, Eun Jong(2011), Dialectal variation in the acoustic correlates of Korean stops. In Proceedings of the 17th ICPhS.

Hulbert, H. B.(1905), A Comparative Grammar of the Korean Language and the Dravidian Language of India, Seoul: Methodist Publishing House.(김정우 역(1998), 한국어와 드라비다어의 비교 연구, 경남대학교 출판부)

Hyman, L. M.(2009), How (not) to do phonological typology: the case of pitch-accent. *Language sciences* 31. 213-238.

Jun, Sun-Ah(1989), The Accentual Pattern and Prosody of Chonnam Dialect of Korean, in S. Kuno et al. (eds.) *Harvard Studies in Korean Linguistics III*. pp. 89-100. Harvard Univ. Cambridge, Mass.

Jun, Sun-Ah(1990), The Accentual Pattern and Prosody of the Chonnam Dialect of Korean, *OHIO STATE UNIVERSITY WORKING PAPERS IN LINGUISTICS* 38 (121-140).

Jun, Sun-Ah(1993), *The Phonetics and Phonology of Korean Prosody*, PhD dissertation. Ohio State University.

Jun, Sun-Ah(1998), The Accentual Phrase in the Korean prosodic hierarchy, *Phonology* 15.2: 189-226.

Jun, Sun-Ah(2020), Studies in Korean Prosody: Current Issues and Future Prospects, 《2020 세계한국어대회 제1 분과 집담회 발표 자료집》, 436-445.

Jun, Sun-Ah & Cha, Jihyeon(2015), "High-toned [il] in Korean: Phonetics, intonational phonology, and sound change". *Journal of Phonetics* 51, 93-108

Kang, Yoonjung(2014), Voice Onset Time merger and development of tonal contrast in Seoul Korean stops: A corpus study, *Journal of Phonetics* 45. 76-90.

Kang, Yoonjung, Yoon, Tae-Jin & Han, Sungwoo(2015). Frequency effects on the vowel length contrast merger in Seoul Korean. *Laboratory Phonology*. 6(3-4). 469-503.

Kang, Yoonjung & Han, Sungwoo(2013), Tonogenesis in early Contemporary Seoul Korean: A longitudinal case study, *Lingua* 134, 62-74.

Kenstowicz, M., & C. Park(2006), Laryngeal features and tone in kyungsang korean: a phonetic study. *In Studies in phonetics, phonology, and morphology*, 12.2. 247-264.

Kenstowicz, M. & Sohn, H.-S.(2001), Accentual Adaptotion in North Kyungsang Korean, in Kenstowicz, M. (ed.) Ken Halle: *a Life in Language*, Cambridge, MA: MIT Press, 239-270.

Kim, Hyun-ju (2018) Diachronic change in vowel length contrast in North Kyungsang Korean, *Studies in Phonetics, Phonology and Morphology*

24, The Phonology-Morphology Circle of Korea, 273-295.

Lee, Sang-Oak(1978), *Middle Korean Tonology*, Doctoral dissertation, University of Illinois.

Lee, Sang-Oak(1979), On the Origin of Korean Tone, *Language Research* 15-1, 서울대 어학연구소, 61-81쪽.

Hashimoto, M. J.(1966), *Phonology of Ancient Chinese*(volumes Ⅰ and Ⅱ), The Ohio State University, Ph. D.

Martin, S. E.(1951), Korean phonemics. *Language* 27-4. 519-533.

Martin, S. E.(1954), *Korean morphophonemics.* William Dwight Whitney Linguistic Series, Linguistic Society of America.

Mei, Tsu-lin(1970), Tone and Prosody in Middle Chinese and the Origin of the Rising Tone, *Harvard Journal of Asiatic Studies 30*, 86-110.

Mei, Tsu-lin(1977), Tone and tone sandi in 16th century Mandarin, *Journal of Chinese Linguistics 5*: 237-60.

Oh, S. & Jun, S.-A.(2019), The prosodic structure and the underlying tonal pattern of AP in Chungnam Korean, *HISPhonCog*, 175-176.

Pulleyblank, E. G.(1970), Late Middle Chinese, Part I, *Asia Major* 15: 197-239.

Pulleyblank, E. G.(1971), Late Middle Chinese, Part II, *Asia Major* 16: 121-166.

Pulleyblank, E. G.(1978) The nature of the Middle Chinese tones and their development to Early Mandarin, Journal of *Chinese Linguistics 6:* 173-203.

Pulleyblank, E. G.(1984), *Middle Chinese: a study in historical phonology*, Vancouver: University of British Columbia Press.

Ramsey, S. R.(1978), *Accent and Morphology in Korean Dialects : A Descriptive and Historical Study*, Tower Press.

Ramsey, S. R.(1986), The Inflecting Stems of Proto-Korean, *Language Research 22*, Seoul National University Language Research Institute, 183-194.

Ramsey, S. R.(1991), Proto-Korean and the Origin of Korean Accent, *Studies in* the *Historical Phonology of Asian Languages*, John Benjamins Publishing Company.

Silva, D. J.(2006), Acoustic evidence for the emergence of tonal contrast in contemporary Korean. *Phonology* 23: 287-308.

Welmers, W. E.(1959), Tonemics, Morphotonemics, and Tonal Morphemes. *General Linguistics* 4. 1-9.

Wright, J. D.(2007), *LARYNGEAL CONTRAST IN SEOUL KOREAN*, University of Pennsylvania, (Ph.D. Thesis).

Xu, Y. and Q. E. Wang.(2001), Pitch targets and their realization, *Speech Communication* 33. 319-337.

Yip, M.(2002), *Tone*. Cambridge University Press(손남익 역(2013),《성조》, 역락).

《국어사대계》 발간의 말씀

한 학문 분야의 연구 내용을 집대성하는 '대계'를 만드는 것, 이것은 한 학문 분야가 제대로 성과를 내어 축적되는 과정에서 그 분야의 연구자라면 누구나 갖게 되는 뜻깊은 소망 중의 하나일 것입니다.

그래서인지 "우리도 이제《국어사대계》를 만들자."라고 하는 논의가 대략 20여 년 전인 1999년부터 있었습니다. 그때는 전광현 선생님과 송민 선생님의 회갑을 기념하는《국어사 연구》를 만들고 난 직후입니다. 당시의 필자들을 중심으로 국어사 대계를 준비하고, 송민 선생님께서 그 준비금으로 국어사연구회에 거금을 희사하시기도 했는데, 당시의 상황이 정확하게 기억이 나지 않지만, 필자들에게 보낼 안내 메일까지 만들었던 것을 보면 상당히 구체적으로 논의가 되었던 모양입니다.

이제 20여 년이 지난 지금에서야 비로소《국어사대계》를 간행할 수 있게 되었습니다.《국어사대계》는 크게 세 부분으로 이루어집니다. 20년 전 40~50대가 주축이 되어 집필하였던《국어사 연구》를 수정 보완한 것이 첫 번째 부분이고, 국어사를 전공하였던 원로 선생님들의 기라성 같은 논문을 선별하여《국어사 논문 걸작선》을 간행한 것이 두 번째 부분입니다. 그리고 2020년 이후 현재 40~60대 연구자를 중심으로 집필진을 새로이 구성하여 개별 주제에 대해 집필하여 대계를 완성하고자 하는 것이 세 번째 부분입니다. 그리하여 국어사 학계의 노력 모두를 아우른《국어사대계》를 간행함으로써 국어사 연구에서 시대를 획하는 작업을 하고자 하는 것입니다.

근대적인 학문으로서의 국어학이 시작된 지 100년이 훨씬 넘었습니다. 초기의 국어 연구는 대다수가 역사적인 문제를 다루었으므로 국어사 연구가 자연히 국어 연구의 중심 분야로 자리 잡고 있었습니다. 물론 1960년대 이후 현대국어를 중심으로 한 공시적인 연구가 부상하면서 현재는 국어사가 예전만큼 큰 위상을 지니지는 못하지만 여전히 국어학 연구의 중요한 분야임에는 틀림이 없습니다. 100년이 넘는 동안 국어사에 관한 수많은 논문이 쓰였고, 이 연구들을 통해 이루어진 성과는 너무도 방대합니다. 그런데 역사에 관심이 적은 다수의 국어학 연구자들이 국어사의 성과들을 잘 이해하지 못할 뿐 아니라 국어사 연구자라도 자신의 세부 전공이나 관심 영역 밖에 있는 주제에 대해서는 정확히 알지 못하는 상황이 되었습니다.

이미 간행되어 연구자들에게 활용되고 있었어야 마땅한《국어사대계》가 존재하지 않아 늘 안타깝게 생각해 오던 차에, 몇 사람(박창원, 한재영, 김성규, 신중진)의 발의에 의해 2017년 3월 18일 '국어사대계 준비위원회'(박창원, 한재영, 정재영, 김성규, 장윤희, 정인호, 황선엽, 이진호, 이상신, 신중진)가 조직되어《국어사대계》편찬을 위한 사전 논의를 진행하였습니다. 이후 현실적인 어려움과 난처함을 겪기도 했지만《국어사대계》전체 목차의 윤곽이 나오고 집필진이 꾸려졌으며, 2017년 8월 24일에는 집필진들이 모여서《국어사대계》집필을 위한 발대식을 거행하기도 하였습니다. 2020년 이후 '국어사대계 간행위원회'(박창원, 한재영, 김성규, 장윤희, 황선엽, 이진호, 이상신, 신중진)가 본격적으로《국어사대계》의 각 부분들을 순서대로 간행하기에 이르렀습니다.《국어사대계》의 간행을 위해 애써 주신 간행위원들과 특히 각자 맡은 분야를 열심히 집필해 주시는 집필진께 깊은 감사의 말씀을 드립니다. 그리고 어려운 원고를 입력해 준 2019년 당시 이화여자대학교 대학원 학생들에게 고마운 마음을 전합니다. 마지막으로 이 책의 간행에 많은 도움을 주신 태학사 지현구 회장님을 비롯한 출판사 여러분께도 감사의 마음을 전합니다.

'국어사대계 간행위원회'를 대표하여 박창원 삼가 적음